安西祐一郎
Yuichiro Anzai

心と脳

——認知科学入門

岩波新書
1331

はじめに

悠久に流れる宇宙の時間に比べると、人の一生はほんの閃光の瞬きに過ぎません。しかし、その瞬きこそが、人間の歓びや哀しみ、愛することと喪うこと、身体とことば、経験と記憶、文化と歴史、社会と文明を紡ぎ出してきました。悩み多き生きものでありながら、その一方で偉大な価値を創り出してきた人間とは、いったい何なのでしょうか。とりわけ、人間の「心」とは何なのでしょうか。心は「脳」からどのようにして生まれるのでしょうか。心はどのようにして「社会」を創り出すのでしょうか。

何かを感じ、知り、考え、学び、記憶し、ことばを使うこと、身体とともにあること、感情や意思や知識を心の中に産み出し、人と語り合い、絆を築き、暮らしのしくみや文化を創り出していくこと。これらはみな心のはたらきであり、脳のはたらきから生まれるものです。

心のはたらきにかかわる現象を、伝統的な学問分野や文系理系医系の区分にとらわれず、「情報」の概念をもとにして理解しようとする知的営み、それを「認知科学」と呼びます。

情報とは、心のはたらきや心の状態に変化を与えるもののことです。情報の概念は、一九三〇年代から四〇年代にかけて確立され、哲学から医学、社会科学、人文学、理工学、さらには多くの新しい領域に至る、広い範囲の学問分野に浸透してきました。また、それだけでなく、二一世紀を生きる世界中の人々を根底から支える時代精神になっています。

現代における最大の課題の一つは心と脳と社会を総合的に理解することであり、認知科学はこの目標に近づくための最も重要な知的営みの一つです。認知心理学、認知神経科学、認知言語学、認知人類学などの分野がありますが、これらは心理学、神経科学、言語学、人類学に情報の概念を導入して育った分野であり、各々が認知科学の一部をなしていると考えられます。

この本の目的は、認知科学という新しい知的営みの基礎になっている考え方と方法、歴史の軌跡、現状と将来の課題を、できるだけわかりやすく述べることです。

まず、第Ⅰ部で、心のはたらきがもたらすさまざまな人間像や身近な現象について、例をあげることから始めましょう。その後で、こうした人間像や現象を産み出す心と脳のはたらきについて解説します。第Ⅱ部では、優れた学究が分野を超えて新たな知的営みを創り出してきた、二〇世紀の半ばから最近に至る認知科学の歩みを描きます。時代ごとに分野を横断して描くことで、心、脳、社会にかかわる研究者たちがコミュニケーションを取り、切磋琢磨しながら新しい時代を築いてきたことを示します。最後に第Ⅲ部で、この二〇年ほどの間に得られた新しい知見とこれからの方向について考えてみることにしましょう。

目　次

第Ⅱ部扉・扉裏写真提供
＝井上悟・慶應義塾広報室
本文イラスト＝山本重也

第Ⅰ部　人間とは何か

コミュニケートする人間

第1章　五つの人間像

人間とは何だろうか？　あなた自身はどんな人間なのだろうか？　この本は、全編を通じて心のはたらきを描いていく。しかし、大事なことは、心のはたらきについて考えることを通して、人間とは何かを見つめ直すことにある。

まず、いろいろな心のはたらきから立ち現れる人間の像を五つ選んで描いてみよう。心のはたらきが産み出す人間の姿を、読者自身の像も含めて、さまざまにイメージしてみてほしい。

コミュニケートする人間

人間は一人では生きていけない。人に尽くし、人から認められ、感謝されることは、誰にとっても励みになり、生きがいになる。引きこもりの若者が外に出るようになったり、お年寄りが急に元気になったりする。仕事もうまくいき、家庭も円満になる。

他人と良い関係を保ち、家庭や学校、仕事場、地域で円滑な人間関係を築くには、社会のなかでのコミュニケーションによって、他者との絆を創り出していくことが大切だ。では、コミュニケートする人間とはどんな人間なのだろう？

コミュニケーションを取るには、人の気持ちを感じ、共有できること、つまり共感する心のはたらきが必要だ。また、相手が何を考え、何をしたいと思っているのかを想像する、イメージのはたらきが大切である。顔の表情やジェスチャーのような身体のはたらき、自分の考えを創り出す思考のはたらき、自分のことばで語り、書く、ことばのはたらきも大切だ。話の流れに注意するはたらきや話題を変える判断のはたらき、その場の状況を感じ取り、理解する心のはたらきも重要である。たくさんの心のはたらきが一緒になって、体を動かし、ことばを紡ぎ、他人と心を通わせることができるようになる。

すべてのはたらきが万全である必要はない。口数が少なくてもコミュニケーションの良い人はいくらでもいる。しかし、コミュニケーションの中にはどんな心のはたらきが隠れているのかを知るのは、社会に生きる人間としてとても大事なことである。

「共感」とはどんな心のはたらきのことなのだろう？　どうすれば「他者の気持ちを共有」したことになるのだろう？　「イメージ」、「思考」、「ことば」、「注意」、「判断」、「状況を感じ取り、理解する」とは何なのだろう？　これらのはたらきが「一緒になる」とはどういうことなのだろう？　この本では、コミュニケーションという活動のなかに潜む心のはたらきについて、いろいろな章で触れていく。そして、最後の章であらためてコミュニケーションのはたらきを現代的な眼で取り上げる。この本を読みながら、読者自身の心のなかに「コミュニケートする人間」の像を思い浮かべてみよう。

心から尊敬できる人に出会うと、その師から聞いたことばは、一生忘れることなく、感動とともに記憶に刻まれる。厳しい練習を経たスポーツの試合で逆転勝ちすれば、ジーンとして感動の涙が出てくる。本当に良い音楽を聴くと震えるような感動が湧いてくる。空気の澄んだ高い山の上で満天の星に抱かれると、きれいというより畏怖のような感動を感じる。人の生死との出会いが感動をもたらすことがある。心も身体も揺さぶられるような感動の経験は、人を豊かにし、人生の指針を与えてくれる。感動は人を変える。

感動する人間

感動だけでなく、人の感情はとても豊かで複雑である。気のおけない仲間とワイワイやるのは楽しいし、褒められれば素直に嬉しい。恋人のことを思って胸がキュンとしたり、小さいころを思い出して懐かしさで胸がいっぱいになったりする。

その一方で、誰かが自分を出し抜いて喝采を浴びたり出世したりすると、嫉妬の青い炎が身を焦がす。本当は自分がその立場だったのにと思うと、恨みつらみがこみあげる。目立つ人、利益を得る人の足を引っ張るのは人間の得意わざで、最近はネットを使って不特定多数に向けて他人の感情を逆撫でする人間も多くなった。

ふつうは意識せずに歓声も哀しみの涙も出てくるし、表情や体の動きに自然に感情があらわれる。他方で、わざと笑顔をつくったり泣き顔になったり、自分の気持ちを自分で変えたり、他人の気を惹いたり、相手を見ながら意識して感情を創り出すこともできる。感情をストレートに表す人も、感情があまり顔に出ない人もいる。デートのときのことを思い出す記憶のはたらきも、面倒な相手との交渉ごとを思い浮かべるイメージのはたらきも、ワクワクしながら研究に熱中する科学者の思考のはたらきも、どれも感情のはたらきと切り離すことができない。

感情と記憶と思考は別々に切り離されたはたらきではない。なかでも感動は、さまざまな心のはたらきが集中して身体の震えまで引き起こす、心と身体の全体がかかわる深い感情である。

この本では、感情についてのいろいろな研究の成果を、脳のはたらきも含めて解説する。それらを読みながら、感情と他の心のはたらきの関係を総合的に理解し、読者自身の感動体験を重ねて、「感動する人間」の像を描いてみてほしい。

思考する人間

不正確な情報を鵜呑みにすること、人の幸福を妬み不幸を喜ぶこと、こうした心のはたらきは、誰にでもある人間の特性である。だからといって放置しておくと、誤った見方と陰湿な情念ばかりがまかりとおる社会になってしまう。これを乗り越えるには、しっかりした思考や判断ができるようになることが大切だが、その基盤になるのは、堅固な知識、豊かな経験、そして身につけた知識や経験にこだわらない柔軟性である。

人間を他の動物と分け隔てる大きな特徴は、見たり聞いたりしたことをそのまま鵜呑みにして行動するのではなく、いろいろな概念やことばによって意味をつかむことができる点にある。

思考する人間

また、多くの経験を知識に変え、さらにしっかりした知識を応用することによって、その知識を実践に創り出していくことができる点にある。

自分で勉強して何かがわかったり、何かができるようになると嬉しいし、もっと学びたくなる。身につけた知識やスキル(生活や勉強や仕事など何かをするやりかた、技能)を使いたくなる。学んだ知識やスキルの意味を理解し、さらに新しいことを学び、それを他の人々や社会のために使っていけるのは、人の心の素晴らしいはたらきである。

思考する人間、思考を通して得られた知識によって人に尽くし、自分も喜びを感じられる人間、そういう人間の心はどのようにはたらいているのだろう? 思考のはたらきとは何だろう? 知識、概念、ことば、意味とはいったい何なのだろう? これらを支える記憶のしくみはどのようにはたらいているのだろう? 学ぶことが嬉しいとか厳しいと感じること、学んだ知識を社会で実践することと、感情や社会性のはたらきはどう関係しているのだろう?

思考のはたらきは孤立したものではない。他のいろいろなはたらきと一緒になって、初めて思考が活きてくる。この本で解説するさまざまな心のはたらきを通して、「思考する人間」の像を描いてみよう。

熟達する人間

年を重ね、経験を積み、知識やスキルを身につけていくうちに、人は何かしらのことに熟達していく。「熟達」ということばは、ある領域のスキルを自分のものにする、ベテランになるといった意味である。

かけだしの政治家、経営者、行政官、医師や弁護士が経験を積んで一人前になり、頼りなかった新入部員がチームを引っ張る選手になり、新入社員がベテランの営業職に変貌し、コックさんの弟子が店を持ち、子どもは遊び方に、学生は勉強のしかたに、親は子どもの育て方に、社会人は仕事のしかたに熟達していく。

また、地域での生活が長くなると、その社会特有のしきたりやことば遣いにいつのまにか熟達する。ただし、子どもに比べて大人のほうが土地に馴染みにくい。大人になってから引っ越したのでは土地のことばは身につかないが、小さいころに移り住んだ地域のことばは意識しないのに使えるようになる。

人間の社会や組織は、ことばの遣い方、コミュニケーションのしかた、立ち居振舞い、仕事のしかたから、名前の呼び方、服の着方まで、同じように熟達した人たちの集まりである。そうでないと、社会や組織のはたらき自体がうまくいかない。社会を構成する人たちが共有している熟達性を身につけないと、その社会で暮らしていくことができない。企業のベテラン社員が新入社員はあいさつもできなくて困るとこぼすのは、一つにはこのギャップを指している。

とりわけ、専門家といわれる人たちは、長期の練習、ときには過酷な修練を繰り返して、ふつうではなかなか身につかないスキルや知識を体得した人々である。スポーツ選手や演奏家は、同じ体の動きを何度も繰り返して、思ったとおり自動的に体が動くまでトレーニングする。ラグビーやサッカーは、何千回の練習を繰り返して、味方の誰が何を考えてどこを走っているかわかるようになる。厳しい練習を通してスポーツに熟達することは、単に運動ができるようになるだけでなく、チームメート同士の信頼感や人間関係に熟達することも含んでいる。

胎児から新生児を経て一生にわたる発達の過程は、感情、記憶、社会性、思考、ことば(この本では「ことば」と「言語」を明確に使い分けることはしないが、おおまかに「ことば」は広く一つひとつの語や音韻などを含み、「言語」は「日本語」のようにことばの体系を指す)をはじめ、多種多様な心のはたらきがお互いに連携しあい、心のはたらき自体も変容しながら、新しいことができるようになっていく、熟達の過程でもある。この本のそこかしこで発達や熟達についてのいろいろな知見について述べる。それらを読みながら、読者自身のこれまでの「熟達人生」を重ね合わせ、「熟達する人間」の像をイメージしてみてほしい。

創造する人間

人間が他の動物と最も異なる点の一つは、誰もがたくさんの新しい知識や新しい方法を創造できることにある。面白いことばを創り出し、聴いたことのないメロディを口ずさむ。新しい仕事を開拓し、オリジナルな遊びを考え出す。学生は勉強の方法を自分で見つけ出し、経営者は経営の方法を考え出し、政治家は印象に残る演説をする。医師、スポーツ選手、主婦や主夫、学生、子どもから大人まで、あらゆる人が毎日、心の中で創造活動をしている。

もちろん、創造のプロである芸術家や科学者は、ふつうの人よりももっと創造活動に時間を費やしている。心に響く音楽をつくり、絵を描き、小説や詩を書くこと、安全で住みやすい環境をデザインすること、難病を治す新しい薬を創り出すこと、消費電力の少ない機械を発明すること、これらはすべて創造的な活動の典型である。

創造する人間の特徴は、自分の関心事に没頭する点にある。時間を忘れてやりたいことに注意を集中する。高い目標を達成したときの感動は、何ものにも代えがたい喜びになる。また、創造のはたらきには、意識されない部分がたくさんある。一流の画家は構図を意識しなくても自然に筆が動く。一流の作家の多くは多作で、文章が流れるように出てくる。

創造する人間のもう一つの特徴は、ものごとを曇りのない眼で見ることである。つまり、ものごとを過去の知識や経験にとらわれない心の眼で見ることである。ピカソが「対象を見えるようにではなく自分の見たままに描く」と言ったというが、相通じるところがある。ところが、大人になるほどいろいろな知識や概念を記憶しているために、そうした概念でものごとを切り取って見てしまうことが多い。テレビや新聞の報道を鵜呑みにして、「ほんとかな?」と心の眼を開かないのは、大人の性癖である。

視覚、聴覚、触覚のような知覚のはたらきは、外の世界に近いという意味で心のはたらきの最前線にあり、とても重要である。しかし、心の中では、知覚は概念や知識、あるいはことばや意味とほとんど切り離すことができない。にもかかわらず、何かをしたい、なんとか目標を達成したいと思っている人は、世界を自分の思考によって新しい見方で理解していくようになる。しかも、それが意識せずにできるようになる。これが創造する人間の本質である。

ただぼんやりと受け身で外の世界に接している人と、何かを見よう、知ろう、つくろう、行動しようとしている人の心のはたらきは、まったく違う。この本の最終章は、創造性の話で締めくくられる。この本の隠れた目標の一つは、認知科学の知見に基づいて、人間の人間たる所以である「創造する人間」の像を描いてみることにある。読者自身、創造する人間にほかならない。自分がどんな意味で創造する人間なのか、この本を読みながら考えてみよう。

第2章　現象から見た心

前の章では、いろいろな心のはたらきが産み出す人間像について、いくつかの例をあげながら考えてきた。この章では、日常の生活で出会う現象、とくに、小さなことに見えるが実は心の探究にとって大事な現象を取り上げ、その現象を産み出す心のはたらきを探ってみよう。

なお、ここからは、相互作用、システム、情報、情報処理といった用語が出てくる。これらの用語の意味については、本章末のコラム1、また、脳の情報処理についてはコラム2、情報科学の基礎的な方法論については第4章のコラム3をご覧いただきたい。

虹の色はいくつ見えるか

虹が見えるのは、太陽の光が空気中の水滴に当たって、色の波長ごとに違った方向に屈折するからである。日本語を母語として日本の社会で育った人なら、

虹の色は紫、藍、青、緑、黄、橙、赤の七色に見えるだろう。フランスの人にも同じように七色に見える。ところが、アメリカ育ちの人には藍色抜きの六色に見え、ドイツだとさらに橙が消えて五色に見える人が多い。

虹の色がいくつ見えるかは、色を表すことばが言語圏や文化圏の中でどう共有されているか、

地域社会の人たちが虹の色をどんなことばで表現しているかに依存している。

その一方で、右にあげた国々でも、紫、青、緑、黄、赤は共通である。虹の色の見え方は言語や文化に依存するし、虹の色が二つしかない言語もある。しかし、だからといって光のどのあたりの波長に名前をつけるかについて言語圏の間に共通した規則性がまったくないわけではない。虹の色が波長の近い（日本語でいう）赤とピンクと橙の三色という言語圏は知られていない。つまり、心のはたらきとしては、色の見え方にある程度の共通点がある。

さらに、人間の眼の網膜には錐体細胞と呼ばれる形の神経細胞がたくさんある。これらの細胞は多くの人に三種類あって、少しずつずれた範囲の波長の光を受け、光のエネルギーを脳の中で処理される情報に変換する。脳の中ではこの情報がさらにいろいろな情報に変換され、色の情報処理が行われる。この脳のメカニズムが世界中の人々の間でそれほど違うわけではない。

虹の色はいくつ見えるかという問題は、一見簡単なようだが、実は右にあげたように、社会、心、脳のすべてにかかわっている。哲学、心理学、人類学、神経科学などが個別に扱ってきた虹の色の問題を、社会、心、脳のすべてを貫いて探究する方法はあるだろうか。

完全とは言えないまでも、その方法として考えられるのが、情報の概念と情報科学の方法論である。社会を人が情報を伝達、交換、共有するシステムとみなすこと、心を概念やことばやパターン(モノの形、色や動き、声の調子、場の雰囲気のように、他の部分と区別できる情報やその集まり)のような情報を処理するシステムとみなすこと、脳を化学的、電気的な情報を処理するシステムとみなすことによって、虹の色の見え方だけでなく、社会、心、脳にかかわるいろいろな現象を、情報の概念に基づく一貫した方法で理解できるようになる。

青で書いた赤という字

もう一つ色の例を続けよう。青色で書いた「赤」という漢字と赤色で書いた「赤」という漢字がある。漢字を見てその色を言ってみよう。青で書いた「赤」を見せられたら「あお」と言い、赤で書いた「赤」を見せられたら「あか」と言えばよい、簡単なテストである。ところが、やってみるとすぐにわかるが、日本語に慣れた人だと、漢字の意味と実際の色が違うと答えるのに時間がかかる傾向がある。つまり、青で書いた「赤」を「あお」と言うほうが時間がかかる。

こうしたことが起こるのは、意識にのぼるかどうかは別として、色を表す漢字を見たとたん自動的にその漢字の読みや意味が心のどこかに浮かんでしまい、その情報と実際に見た色の情報が心の中に混在してしまうからだと考えられる。

青で書いた「赤」を「あお」と言うときには、多少心の中が混乱するが、それでも一秒弱ぐらいしかかからない。心のはたらきとしては簡単なほうだ。ところが、その活動を引き起こす脳のはたらきは、たいへん複雑である。たとえば、漢字の形や色を識別する視覚の機能はもちろん、漢字の形や意味や読みを思い出す記憶の機能、何を言うかを判断することばや思考の機能など、いろいろな機能に関連した広い範囲の神経系によって支えられている。

私たちにとってはごく簡単に思える心のはたらきにも、脳の中ではたいへん広い範囲の神経系が複雑にかかわっている。心の探究に脳の解明は不可欠だが、脳のはたらきの全貌が明らかになったとしても、その内容は複雑過ぎて、心のはたらきを説明することは現実にはできないだろう。

恐怖を感じるとき

暗闇を歩いていて背後から「おいっ」という声が聞こえたら、あなたはどう反応するだろうか。おそらく「こわいっ」と恐怖を感じ、体が硬直する。それから、その体をなんとか動かして逃げようとする。ところが、よく考えてみると、「こわいっ」と意識するより体が反応するほうが早いような気もする。「こわいっ」と意識してから逃げ出すのでは悪漢に殺されてしまいそうだ。

恐怖を意識するのが先か、意識にのぼらない身体的な反応のほうが先かという問題については、一九世紀以来多くの心理学者、生理学者が論争を繰り広げてきた。その結果、脳のはたらきの問題としては一応の答が出ている。

ごくおおまかに言えば、脳の中では、外界から受ける情報のうち、強盗の声や暗闇の暗さなど聴覚や視覚に関する情報は主に大脳皮質を経て処理される（脳の構造についてはこの章末のコラム２を参照いただきたい）。その一方で、発汗や筋肉の収縮のような身体の反応にかかわる情報は主として大脳皮質を経ずに、意識にのぼることなく処理される。二つの経路のうち情報の処理が速いのは大脳皮質を経ない意識下の経路で、したがって、意識下で起こる身体的な反応のほうが、大脳皮質経由の意識にのぼる活動よりも、基本的には先に生じると考えられる。

ただし、右に述べたことは単純化した話で、実際にはこれらの順序はきわめて微妙である。たとえば、暗闇を歩いているときにはすでに「こわがる」準備ができているのがふつうで、そういう心の準備は意識下と意識のうえのはたらきの順序に影響する。

恐怖の瞬間だけでなく、社会生活のいろいろな場面でも、意識下と意識のうえの機能がどのように組み合わさって感情のはたらきが生じるかは、状況や文脈（第８章）に大きく依存する。会いたかった人に会えると嬉しい。その嬉しさがどのように生じるかは、相手との関係や会った場などの状況による。できなかったことができるようになると楽しい。その楽しさは、どのくらい努力したか、身につけたことが社会にどう活かせるかなどの文脈による。

意識のうえと意識下のはたらきがどのように作用しあって感情のはたらきが生じるのか、この問題にも心と脳と社会のすべてがかかわっている。

赤ちゃんの愛

赤ちゃんはロボットやコンピュータとは違って生きものであり、生まれながらにして(というよりも胎内にいるときから)生きようとする力をもっている。「生きようとする力」ということばはあいまいだが、そういう力があるように見えるのは実はどういうことなのか、それを解明するのが科学の役割である。

赤ちゃんは総じて、生後すぐから人に顔を向けたり、ストレスがあれば泣いたりして、他人の注意を惹きつけることができる。生後すぐからお母さんに触れる、匂いを感じる、視線を合わせるといった直接のコミュニケーションが取れるかどうかは、赤ちゃんの発達に大きな影響を与える。だいたい生後二カ月になると特定の人を区別することができるようになり、お母さんを特別に追いかけようとしたりするようになる。さらに、生後二年ぐらいにかけては、養育者と離れてしまったときにどうすればよいか、心の中で模索することができるようになる。

生まれてすぐから生後二年ぐらいの間に赤ちゃんと養育者の間の相互作用が円滑に行われれば、養育者のもとでは安心していられることや、その人から離れたときにどうしたらよいかがわかるようになる。赤ちゃんと他の人の間で確立されるこのような複雑なコミュニケーションの関係を愛着(attachment)という。衣食住が確保されるだけでなく安心して生きていられるにはどうすればよいかを、赤ちゃんは愛着の関係として身につける。

赤ちゃんは、愛着だけでなく、他人との人間関係、複雑な感情、記憶、ことば、思考などのいろいろな心のはたらきを、相互に関連づけて身につけながら成長していく。愛着は、こうした基本的な心のはたらきのなかでも最も原初的な、大切な機能の一つである。

気持ちが通じる

赤ちゃんの話を続けよう。眼の前に赤ちゃんがいて、向こうにかわいい人形が置いてある。あなたは赤ちゃんにその人形を見てほしいと思い、赤ちゃんと眼を合わせながら人形のほうに眼と手を動かして、その人形を指さしてみる。だいたい生後一年近くになっていれば、赤ちゃんは顔を人形のほうに向け、一緒に見ることが多いだろう。このとき赤ちゃんは、同じモノを「見ようとする」という「意図」をあなたと共有し、同じ人形を「見る」ことで「注意」を共有している。また、人形を見るという「目標」や、目標を達成するために顔や眼を(場合によっては手も)動かす「手段」もあなたと共有している。

四歳から五歳、幼稚園や保育園に通うぐらいの子どもたちを見ていると、先生が指示しなければ、一緒に遊ぶより一人で何かしていることのほうが多い。しかし、時として、別の子に「共感」(「気持ち」を共有)したり、その子の気持ちを変えようとすることがある。「とこちゃん、これあげる」(だからかなしいのやめようね)というふうに。

また、このくらいの年齢になると、他の子の信じていることだけでなく、その子の「信念」

が間違っていることさえわかるようになる。災害のような非常時に、小学生でも「使命感」や「責任感」を発揮して小さな子たちを導き、年少の子は年長の子に「感謝」の気持ちを持ち続けることもある。

人は、生涯の早いうちから、他人の心を読み、他人と気持ちを通じることができる。それは、長じてたくさんの人に巡り合い、社会生活を送ることになる赤ちゃんや子どもたちにとって、とても大事なことなのだ。

ところが、そうはいっても他人の心の中はとても複雑である。自分の心さえ読みにくい。心の中には、右にあげた意図、目標、手段、感情、信念だけでなく、経験から得た自分なりの素朴な「知識」、「〜がほしい」という「欲求」や「欲望」、「〜のようになるといいな」といった「希望」や「願望」、さらには「ウソ」や「駆け引き」など、いろいろな情報が混在している。

にもかかわらず、子どもでも、他人のこうした複雑な心の中を推測することができる。学校に行き、大人になるにしたがって、一日のうちのかなりの時間を他人や自分の心の中を探ることに費やすようになるが、その素地は小学校にあがるころまでにできているのである。

なお、チンパンジーも、他のチンパンジーと目標や手段や意図を共有することができる。ただ、多くの観察から、他者が信じていることが間違っているといった複雑な心の読み方ができ、そのうえで他者と心のはたらきを共有できるのは、生物の中で人間だけだと考えられている。

一生続く心の発達

　愛着を広く「自分に惹きつけておける他者との関係」とみなすなら、大人もまた潜在的に愛着を求める存在である。恋愛はその最たるもので、恋をしているときの脳のはたらきについても研究が行われるようになってきた。また、お年寄りにも愛着関係はある。自分に惹きつけておける特別の相手が欲しい。この気持ちは、むしろ年を取って周りの人間が離れていくにつれて強くなる。老人ホームにおける異性関係の複雑さはよく指摘されることだが、一生愛着を求めるのが人間である。

　愛着に限らず、大人の感情や心の特性は赤ちゃんに比べるとはるかに複雑である。たとえば、安心感や達成感のような個人的感情、媚《こび》や傲慢、嫉妬のような社会的感情が、子どものころからの健康状態、家庭、生活、教育、仕事の環境などに依存して、生涯にわたり変容していく。

　年を取ると、眼や耳、筋肉や骨格、皮膚などにある細胞のはたらきが衰えてくる。若いときに比べて動きも遅くなり、暑さ寒さの感覚も鈍ってくる。しかし、その一方で、人を見ればどんな人間かすぐにわかる、つまらないことは忘れるが約束ごとはしっかり覚えている、いつでもどこでもどんな行動を取ればよいか判断できるなど、若い人より優れた面も多くなる。

　また、モノの見方や知識の学び方も一生にわたって変わっていく。子どものときは外界を知覚したり、情報を記憶するのに比較的単純なやり方をするが、年齢を経るにしたがって、記憶のしかた、思考のしかた、ことばの遣い方を状況に合わせることができるようになる。その一方で、生まれたときからインターネットとデジタル携帯端末が身近にある若い世代と、生まれたころからテレビに浸ってきた中高年の世代では、情報の扱い方やコミュニケーションの取り方が違う。

人は一生にわたって発達していくという事実を、とくに高齢者の増えていく日本では、もっと多くの人が理解する必要がある。

右を見てから左

国内で車の通る道路を渡るとき、私たちはふつう右を見て車が来ないかを確かめ、それから左を見る。左側通行の国では歩行者から見ると車が右から来て左に行くことを知っているからである。日本に住んでいる人は、右を見てから左を見るという動作をほとんど意識せずに行うことができる。英国も同じである。

ところが、米国や中国で道を渡るときには、右を見てから左を見るようにすると事故につながりかねない。これらの国では車は右側通行だから車は左から来て右に抜けるので、渡るときにはまず左を見てから右を見るようにしないと危ない。日本に住み慣れている人が米国に行くと、右を見てから左を見る日本国内の習慣がそのまま出てしまって、ヒヤリとすることがある。

人間は、同じような状況で同じような動作を何度も繰り返していると、はじめは意識して行っていた動作が意識せずに行えるようになる。道路を渡るときに右を見てから左を見るのは、その典型的な例である。しかも、そうやって学習した動作が別の国に行っても意識せずに出てしまう。そこで、今度は逆に、左を見てから右を見る動作を意識して繰り返しているとそれが身についてきて、意識せずに左を見てから右を見るようになる。

このように、人は動作の学習をきわめて柔軟に行うことができる。スポーツが上達したり楽器が弾けるようになる過程でも、似たような心と脳の機能がはたらいていると考えられる。

喧騒の中で呼ぶ声

結婚披露の宴もたけなわ、新郎新婦そっちのけで酒を酌みかわし、わいわいがやがやと喧騒の渦。そんな最中に、後ろで「○○さんがね……」と自分の名前が聞こえる。誰かが自分の噂をしているに違いない。噂話だからひそひそ声なのに、しかも宴会騒ぎと雑音の中で、なぜ自分の名前だけがはっきり聞こえるのだろうか。

宴会の音だろうと何の音だろうと、音のエネルギーは耳の中にある聴覚細胞などの感覚細胞に入力され、脳の中でいろいろな情報処理が行われる。

では、脳のはたらきから、どのようにして自分にとって意味のある情報だけを抽出する心のはたらきが生まれるのだろうか。氷山は水面下の部分のほうがずっと大きいように、心のはたらきについても、意識下のはたらきのほうが自分に意識されるはたらきよりもずっと大きいことがわかってきている。喧騒の中で自分の名前が聞こえるのは、自分にとって大切な意味をもつ情報を選り分けるメカニズムが意識下ではたらくからだと考えられる。

喧騒の中で自分の名前が聞こえるという小さな現象の背後にも、大脳皮質の聴覚野がかかわる知覚のはたらきはもとより、宴会の場の記憶やイメージ、ことばとしての名前、宴会の中で名前が呼ばれることの社会的な意味など、多種多様な心のはたらきの相互作用があり、それを支える脳のはたらきがあり、社会性とのつながりがある。

マドレーヌの回想

小学校の運動会のときのできごとを記憶している人は多いだろうが、何年、何十年も前のことがなぜはっきりと思い出せるのだろうか。どの友だち、どの先生ということだけでなく、午前中の徒競走、お昼のお弁当、午後の出番に向けて高鳴る不安と期待……、情景も人々も感情も一緒に鮮やかに思い出されるのはなぜなのだろうか。

プルーストは、『失われた時を求めて』で、プティ・マドレーヌのお菓子を紅茶に浸したことから幼いころの記憶が次々と甦ってくる回想を描いた。この有名な回想は、赤信号になりかけた横断歩道を走り渡っているときに急に小学校時代の徒競走を思い出し、そこから子ども時代のエピソードを回想する私たちの記憶と、しくみとして異なるものではあるまい。

マドレーヌのエピソードの前には、母親におやすみのキスをせがんだ愛着の記憶のことが描かれている。記憶術のように単語をたくさん暗記することは記憶のほんの一部でしかない。記憶される情報の多くは、記憶したときの感情やその場の雰囲気の情報と混じり合っている。

記憶の豊かさ、精妙さはことばに尽くし難いが、その一方で、自分が生まれてから三歳ぐらいになるまでのことを意識のうえで思い出せる人はまずいない。これは、赤ちゃんの記憶のはたらきがまだ発達していないからなのか、それとも、大人が赤ちゃんのころのことを思い出せないだけで、赤ちゃん自身は新しい情報を記憶したり思い出したりすることができているのか、後者ではないかという考え方もある。

ただし、右は意識にのぼる記憶のことに過ぎない。意識されない記憶の機能が心のはたらきの中で重要な役割を果たしていることは、思い出そうとしないのに何かが思い出されることが多々あることからもわかる。意識下の記憶のはたらきを解明するには、思い出すための手掛かり情報を与えるプライミングと呼ばれる方法など、昔からいろいろな方法が考えられてきたが、記憶の氷山の下にある未知の部分はきわめて大きく、これからの研究への期待も大きい。

記憶については興味深い現象がたくさんある。たとえば、あなたが小学校の運動会を思い出すとき、想起される情景は当時の正確な記憶ではなく、実は創作が入っていることが多い。また、情景を思い出している自分が意識されるのがふつうである。友だちが走っている場面を見ている自分がいるように感じられる。このような記憶の現象は、以下にあげるイメージのはたらきに深い関係がある。また、夢や創造のはたらきなどにも関連してくる。

海のイメージと匠のわざ

眼をつむって海を思い浮かべてみよう。木で造った舟に乗り、まわりは見渡す限りの大海原、凪に乗り、ときおり波が舟を洗う。魚の群れに出会い、空にはたまに鳥が舞う。夜は満天の星。大昔、南太平洋の島々に住む人たちは、こうした舟旅の経験を繰り返し、技術を磨き、世代から世代へ伝承を重ねて、ついには何千キロも離れた遠くの島に到達した。海図もなしにこういう冒険ができたのはなぜなのだろうか。

それは、何度にもわたった舟旅の経験を通して、波の形や風の向き、魚や鳥の動き、星の方角などの情報を心の中で重ね合わせ、海図に匹敵する視覚的なイメージを描けるようになったからだと考えられている。人は、運動会や街の情景のイメージを思い浮かべられるだけでなく、水平線のはるか彼方の島に到達できる、精密なイメージを思い浮かべられる力を秘めている。

視覚的なイメージは、写真やビデオ映像が心の中に映ったようなものではなく、心の中で創り出されて思考の土台となる情報の集まりである。写真を見たときには、大脳皮質の後頭葉にある視覚神経系が活動することがわかっている。また、思考しているときには、前頭葉にある神経系が活動することもわかっている。ところが、視覚的なイメージを思い浮かべているときには、これらの両方がはたらくことがわかってきた。こうしたことから、視覚イメージを心の中で創り出すには、視覚と思考の両方の機能がかかわると考えられるようになっている。

イメージには視覚イメージだけでなく聴覚イメージももちろんあり、心の中でのつぶやき(内言という)はその一種である。触覚、味覚、嗅覚などについてもイメージを思い浮かべることができる。複雑なネジや金型を特注でつくる金属の精密加工、大口径望遠鏡のレンズ表面の研磨、その他多くの匠のわざは、職人の心に浮かぶ精妙な触覚イメージの例である。この触覚イメージは、単に触覚細胞のはたらきや大脳皮質の頭頂葉にある触覚神経系の機能だけから生まれるのではない。記憶や思考、筋肉や骨格を動かす運動のはたらき、さらには学習のメカニズムなどが複雑に組み合わされて、初めて匠の触覚イメージが生まれる。

ふだんの生活で頻繁に思い浮かぶイメージの多くは、右の例よりもずっとぼんやりしたもので、その多くに感情が絡んでいる。かわいらしい子どもたち、怒ってばかりいる上司、あわや車にぶつかりそうになって怖かった街角など、生活の中で思い浮かべるイメージの多くは、感情や思考のはたらきが混じり合ってつくられるものである。

人は、感情の情報、視聴覚や触覚などの知覚情報、記憶から想起される情報、思考によって産み出される新しい情報などが入り混じった情報の集まり、つまりイメージを、心の中に創り出すことができる。イメージのはたらきは創造の源泉であり、その大部分は意識下で起こるものと考えられる。

ことばの本質

人の心のはたらきがもつ最大の特徴の一つは、きわめて豊かでありながら全体として一貫した性質をもつ、言語の機能が含まれていることにある。ことばは、情報の意味を伝達する記号の役割を果たすだけでなく、何かの機能を表現することもでき、別の何かを象徴するシンボルとしても使われる。たとえば、「星」ということばは、夜空の星を意味する記号であると同時に、「星に願いを」というようにお願いの委託先のような機能を表す場合もあり、「三つ星のレストラン」のようにグレードを表すシンボルにもなる。

とくに、虹の色を単語で覚えればそれぞれの色が虹の中に見えてしまうように、ことばは外界からの情報を概念(虹の例では色)のカテゴリー(虹の例ではそれぞれの色)に切り分けるはたらきをする。人間のことばのこうした多様な機能は、他の生物には見られない。

言語のこのような多様なはたらきを赤ちゃんが身につけていく過程は、外から観察しているととても複雑で、不思議でさえある。たとえば、人がことばを話すようになる発話の発達については、生後半年ごろまでの喃語(バーブーのような発声)の時期、単語を発話するようになる一歳ごろからの時期、二語文を発話するようになる二歳少し前ごろからの時期、急速に語彙が増える二歳ごろから六歳ごろの時期、類推や比喩を使えるようになる四歳ごろからの時期など、特有の過程があることが知られており、他にも多くのことが解明されてきた。

しかし、多くの赤ちゃんがなぜ言語を学習できるのか、なぜ同じような過程をたどってことばを身につけるのか、ことばのはたらきを支える脳の機能はどのようなものなのか、ことばのはたらきはどのように進化してきたのかなど、まだわかっていないことも多い。ことばの本質について最先端の研究が取り組んでいる問題はたくさんある。

とりわけ、人間の言語は、いくらでも複雑な文を創り出せること、文法を教わらないのに文法に合った文を創り出せることなど、他の動物にはない特徴をもっている。また、ことばの障害がありながら他の心の機能には影響がない人や、逆に他の心の障害があってもことばのはたらきは保たれている人もたくさんいて、言語の機能はいろいろな心のはたらきのなかでも特別な位置を占めているように見える。

その一方で、ことばのはたらきは、記憶や感情や運動のはたらき、他の人と意思を通じ意図を共有する社会性のはたらきなどと相互に作用しながら、身についていくと考えられる。たとえば、赤ちゃんは、生後早くから養育者と愛着の関係をつくり、意思を通じ合えるようになる。だからこそ、お母さんに「マンマー」と呼びかけられるようになる。また、早くから人を見分けられるようになるからこそ、お父さんに「マンマー」と呼びかけることはしない。

ことばには、他の心のはたらきに独立な面と、他の心のはたらきと影響し合う面の両面がある。

問題の意味

問題が理解できれば解決できたと同じことだ、とよくいわれる。突然の災害や事件が起こると、解決すべき問題がどこにあるのか、知識や経験のない人はすぐにはわからない。災害の知識があっても、それが机上で暗記しただけの知識では、いざというときに役に立たない。知識は経験に裏打ちされて初めて使えるものになるし、そうなって初めて知識といえると考えてもよい。

その一方で、経験さえあれば世の中に通用するわけでもない。個別の経験をいくら積んでも、大災害や組織の不祥事のように経験とかけ離れた状況が突然現れたときには、しっかりした知識がなければ対応できない。的確に問題を解決するには、危機が起こってからではなく、ふだんから常に問題の理解を怠らないことが大切である。

こう考えると、問題を理解し、解決できるかどうかは、問題に関与する当事者がいかに「自分のこととして」問題をとらえているかにかかっている。突発的な災害や経営問題への迅速な対応は、当事者が問題の意味を常に問うているかどうかがカギになる。

自分にとっての問題の意味とは、自分の関心や希望と、具体的な目標やその達成を阻む制約との間の関係のことである。卒業試験に合格すれば新しい人生が待っているという学生の場合、達成すべき目標は卒業試験に合格すること、制約になっているのは試験の難しさであり、問題の意味とは人生が開けるということである。また、お母さんと離ればなれになった赤ちゃんの場合、達成すべき目標はお母さんを見つけること、制約は別離であり、問題の意味とは安心できる環境を取り戻すことである。

また、問題を解くには、まず問題を発見し、理解しなければならない。混沌とした情報のなかから、自分にとって意味のある目標、それを達成するための手段、目標の達成を妨げるいろいろな制約条件を見つけ出すことが、まず大切になる。むしろ、問題がわかれば解けたと同じことだといわれるように、意味のある問題を発見したり理解したりすることのほうが問題を解くより大事になることも多い。

問題の発見や理解、問題の解決、これらはどれも思考のはたらきによるものである。ところが、こうした思考のはたらきは、複雑であるにもかかわらず、誰でも身につけていくことができる。問題解決のための思考のはたらきは、お母さんと離ればなれになってしまうという問題の意味を把握する生後二カ月ぐらいから始まり、生涯にわたって発達していく。問題の意味を発見し、理解し、解決していく思考のはたらきは、誰にでも、またどんな現実の場面にも登場する基本的な心の機能の一つである。

大勝ちか大損か

あなたはある難しいクイズの予選に出て、首尾良く本選への出場権を得た。予選突破賞の五〇万円をもらえることになっているが、本選に出て正解の回答をすれば倍の一〇〇万円がもらえる。しかし、本選で回答を間違えたら予選突破賞の五〇万円ももらえず、獲得賞金はゼロになってしまう。あなたは本選に出るだろうか、それとも五〇万円をもらってやめるだろうか。

実際には、多くの人は予選突破賞の五〇万円を懐にし、本選に出るのをやめてしまう傾向がある。つまり、人は大金を目指してリスクを負う賭けをあまりしない。

今度は、あなたは一〇〇万円の借金を背負ってクイズの予選に出場し、首尾良く本選への出場権を得たとしよう。予選突破賞として借金は半分の五〇万円になった。本選に出て正解の回答をすればさらに残りの借金五〇万円も引かれてゼロになる。しかし、本選で回答を間違えたら予選突破で引いてくれた五〇万円も元に戻され、借金は一〇〇万円に逆戻りしてしまう。あなたは本選に出て借金ゼロを目指すだろうか、それとも借金が五〇万円に減ったところでやめてしまうだろうか。

多くの人はさらに借金ゼロを目指し、本選に出る傾向がある。つまり、人はリスクを負っても損失を一挙になくす賭けに出ようとしがちなのである。

右のように、人は総じて、利益を追うのは保守的だが、損を減らすには賭けに出る傾向がある。こうした経済的な意思決定は、金額の多寡は別として誰もが日常的に行っていることだ。しかし、同じ金額なのに利益と損失では判断のしかたが違うこと、大勝ちはせず大損しがちなのがふつうの人間だということは、言われるまでなかなか気づかない。

人間の意思決定には他にもいろいろな特徴がある。たとえば、母集団の大きさを考えずに判断してしまうことが多い。日本のGDP(国内総生産)が世界第二位から滑り落ちたときには大きなニュースになったが、一人あたりのGDPが世界の二〇位近くまで落ち込んだことはほとんど人の口にのぼらない。人間は、「一人あたりの」という統計的な数値よりも、規模の大きさそのものの値のほうを気にする傾向がある。

また、少数の例だけで判断してしまうことも人間の習性といってよい。教育について議論するのに、「うちの子は学校に馴染めなかったがスポーツをやったら仲間が増えた。だから全国の子どもたちにスポーツをやらせるべきだ」といった論がよくある。ほんの一例を多様な子どもたちすべてに一般化することの飛躍を、言っている当人自身まったく感じていない。しかも、多くの人がこうした論のあいまいさに気づかないのである。

コラム 1　心と情報処理

この本では、心や脳を情報処理システムとみなす考え方を基調としている。ここでは、心の情報処理システムとは何かについて簡単に解説しておこう。ただし、厳密な定義は省略する。

まず、複数の対象がお互いに影響を及ぼし合うことを「相互作用」と呼び、相互作用する要素の集まりのことを「システム」という。心は、感情や社会性や記憶や思考などのいろいろな要素が相互作用するシステムである。

心のはたらき(機能)とは、心のシステムの活動や、その活動の果たす役割のことである。システムには、そのシステムの各時刻の表現として、「内部状態」ないし「状態」が定義される。

さらに、システムのはたらきや状態を変化させるもののことを「情報」という。眼の前を誰かが通り過ぎたことで心の状態が変化したならば、誰かが通ったことはその心のシステムにとって情報である。誰かが通っても心に何も起こらなければ、それは情報ではない。

心のはたらきを具体的に表現する一つの方法は、「情報処理」という考え方を導入することである。心が情報を処理するとは、心のシステムが、

(1)何らかの情報を入力として受け取り、その入力情報と、

(2)(a)すでに心の中に記憶されている情報や、(b)やはり心の中に記憶されている処理の方法(これも情報である)、(c)心の中の他の要素システムとの相互作用(情報のやり取り)、(d)外界のシステム(他者、社会、環境など)などとの相互作用によって別の情報を創り出し、

(3)その情報を記憶したり他の情報と結びつけたりすることによって内部状態を変えるとともに、(4)得られた情報を出力し、また(5)この(1)〜(4)の過程を繰り返しながら、

(6)右の(1)〜(5)全体を、自分で創り出す新しい情報処理のしくみや外界との相互作用によって変えていくことをいう。ただし、入力情報がない場合や、入力も出力もない場合もある。

心のはたらきとは、心のシステムによる情報処理のことである。情報処理システムとしての

心のしくみを解明していくことで、人の心が、胎児のときから、生まれ、育ち、一生を送る間に、楽しみ、悩み、考え、他者と語り合う、人間として生きるための豊かな情報処理をどのように行うシステムであるかが明らかになる。また、コンピュータやロボットのような人工的な情報処理システムと、どんな意味でどこが違っているのかも明確になる。

もちろん、曖昧模糊とした「心」をそのまま受け入れることも、人を感じ、理解するための大切な手立てであり、芸術や文学、あるいは哲学は古来その大切な役割を果たしてきた。他方で、脳によって産み出されるとともに社会を産み出す心のはたらきを、その豊かさ、複雑さを受け入れながらあいまいさをできるだけ排除する方法で探究することも、人間を理解するための重要な道である。情報の概念は、後者の道を歩むにあたってカギになる概念である。

コラム2　脳と情報処理

人間の成人の脳は、重さがだいたい一〜一・五キログラム、濃淡はあるが全体として灰色に近い、立体的に入り組んだ、ひだのたくさんある臓器である。消費するエネルギーは体全体の二〇〜三〇％に達し、頑丈な頭蓋骨に囲まれて傷つきにくい。大事にしなければいけないのはもちろんだが、コンピュータと違って持ち運びや破損や特別なエネルギー補給にそれほど気を遣う必要がないのは、脳の優れた特徴である。

脳は、神経細胞（ニューロン）、グリア細胞、血管などいろいろなシステムの集まりであり、脳自体がシステムである。成人では一〇〇〇億個をはるかに超えるといわれる神経細胞とその間

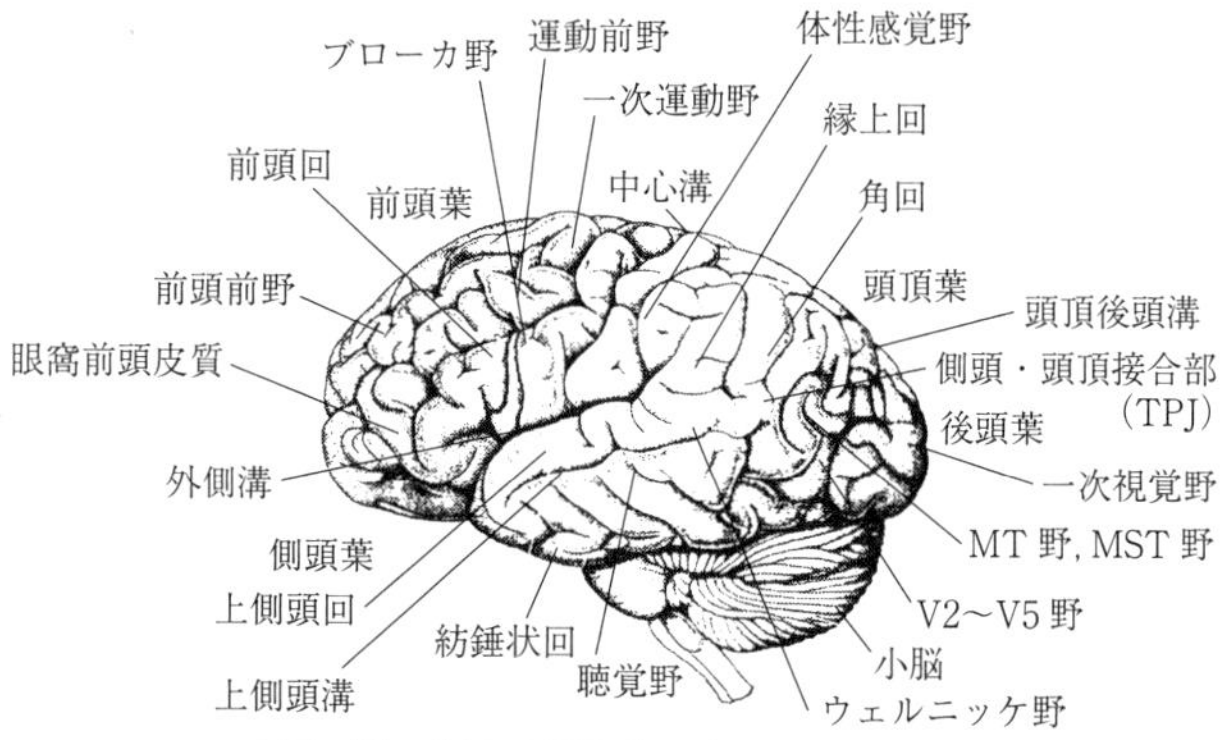

人間の脳の外側面(外側溝の内側に島皮質がある)

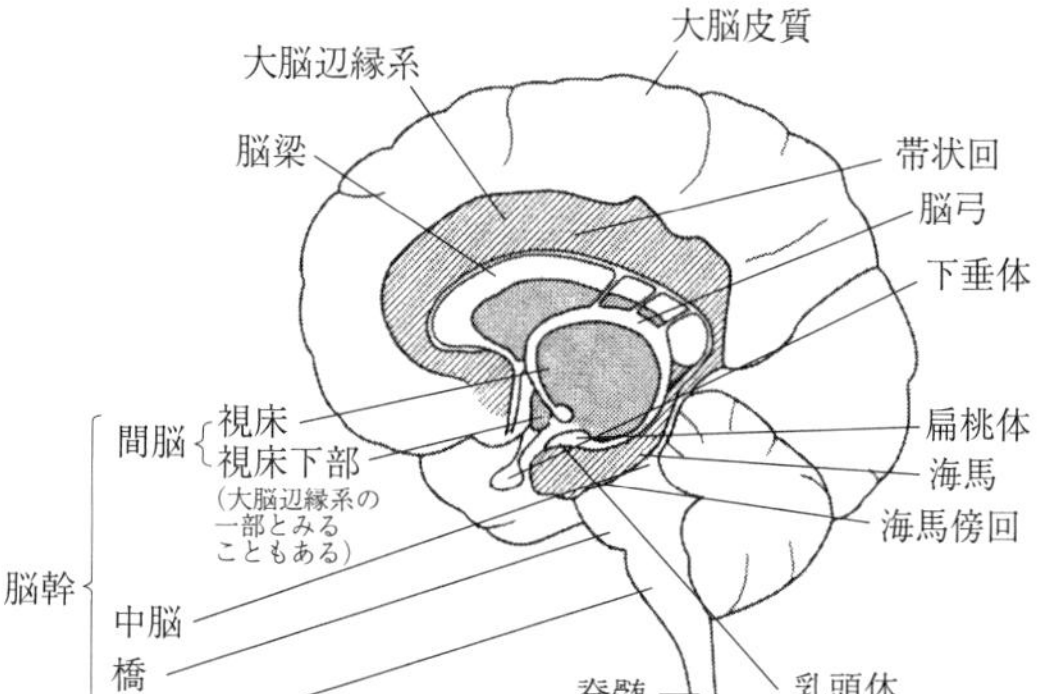

人間の脳の内側面(さらに奥に大脳基底核の線状体，黒質などがある)

人間の脳神経系．脊髄に近い内側から頭蓋に近い外側に向けて，脳幹，大脳基底核，大脳辺縁系，白質，大脳新皮質などが重なっている．ひだが膨らんでいる部分を「回」，内側に入り込んでいる部分を「溝(こう)」と呼ぶ．また機能に基づいて「野(や)」(例えば視覚野)と呼んだり，形態と機能を併用して「皮質」などと呼ぶこともある．

の結合（シナプス結合と呼ばれ、実際には細い隙間がある）の集まり、あるいはその一部を脳神経系と呼ぶ。この本では、脳のはたらきといえば主に脳神経系のはたらきを指すが、実はグリア細胞のほうがはるかに多く、神経細胞のはたらきを支えたり、神経伝達物質の生成に関与するなど、重要なはたらきをしている。神経細胞と同じ幹細胞からつくれることなどもわかってきている。また、内分泌系、血液系、自律神経系などもきわめて重要な役割を担っている。

脳の構造にはいろいろな見方があるが、脳幹、小脳、大脳に分け、大脳を大脳皮質、白質（神経線維（神経細胞の中央にある長い軸索）のたくさんの束）、大脳基底核に分け、大脳皮質を大脳新皮質と進化的に古い大脳辺縁系などに分けるのが基本的である（この本では大脳新皮質を大脳皮質と呼ぶことが多い）。大脳は左右半球に分かれ、脳梁と呼ぶ神経線維の太い束で結ばれている。

また、脳の神経細胞群は、部位によって層状であったり網目状だったり、いろいろな構造をしている。とくに、大脳新皮質は厚さ一・五〜四ミリ程度で、神経細胞群のいくつかの層が頭蓋に平行に年輪のように重なり、また縦にはコラム（列）に分かれ、たくさんのコラムが列をなした構造をしている。コラムが並んでさらに大きなコラムを形成している構造をハイパーコラム構造という。

おおまかに大きさを比べると、脳全体の大きさが約10〜15センチ立方なのに対して、特定の機能を担う神経細胞群は約1センチ立方のオーダー、一つのコラムは約10^{-1}センチ、一個の神経細胞は約10^{-3}センチ、シナプス結合の空隙は約10^{-5}センチ、イオンチャンネル（第5章）を通過して情報の伝達に直接かかわる神経伝達物質（グルタミン酸、γ‐アミノ酪酸など）や、そうした分子の機能を助けてともに情報伝達を担う神経調節物質（ドーパミン、セロトニンなど）の分子の大きさは約10^{-8}センチのオーダーである。

脳神経系の情報伝達は、主として、神経細胞（シナプス前細胞）の内部に溜まった神経伝達物質がシナプス結合を通って隣の細胞（シナプス後細胞）の受容体分子に受容される反応により、前者の活動電位（電気パルスの強さ）が後者に伝搬することで起こる。パルスが一個の神経細胞を伝わる時間はさまざまだが速くはなく、おおまかに言って約一ミリ秒のオーダーである。

視覚的に提示された文字を読むのに要する時間はだいたい数十ミリ秒なので、神経細胞の直列的なつながりとしては、網膜から（脳全体では一〇〇〇億個以上の神経細胞のうちの）数十個の神経細胞を経るだけで、文字を読みとるという心の情報処理ができる計算になる。このことは、神経細胞が長く直列につながって情報処理をしているのではなく、きわめて多数の細胞の超並列的な処理が行われていることを示唆している。

なお、シナプス結合には、シナプス後細胞の活動電位を上げる興奮性の結合と活動電位を下げる抑制性の結合がある。なぜこうした違いが起こるのかについても、神経伝達物質やそれに反応する受容体の分子レベルで情報処理のメカニズムが明らかになっている。

また、脳は、大きさも構造も機能も、胎児のときから生涯にわたって変化し続ける。神経細胞の形も一生にわたって変化する。脳の重さも、新生児では体重の一〇％弱ぐらいあるのに、大人では二～三％ぐらいに減少する。脳は生きている情報処理システムである。

第3章　心・脳・社会

前の章では、心のはたらきによって生じる現象をいくつか取り上げ、そうした現象を産み出す心のはたらきについて考えてきた。では、心のはたらきとは何だろうか。それは脳のはたらきとどう関係しているのだろうか。また、社会のいろいろな活動とどのように関連しているのだろうか。

1　心と脳のはたらきを探る

心のはたらきは何となく微妙で、千変万化のような気がする。しかし、自分の心の動きを振り返ってみると、感情(喜び、悲しみ、楽しさ、恐怖、自信、不安、心の痛み……)、社会性(他人に共感する、コミュニケーションを取る、他人を真似る……)、感覚(熱さ、冷たさ、圧覚、痛覚……)、知覚(視覚、聴覚、触覚、味覚、嗅覚)、運動と体性感覚(体が動く、動かす、バランスを取る、位置や方向を感じる……)、記憶(覚える、覚えた内容を維持する、思い出す……）、イメージ（知覚、運動、経験したことのない情景……）、ことば（話す、書く、読む、聞く、理解する……）、思考（並べる、比較する、移す、組み合わせる、変換する、つくる、判断する……）、その他多くの要素的なはたらきがある。

しかも、右にあげたのは意識される心の機能に過ぎない。意識されない心のはたらきは、すでに何度か触れたように、私たちが意識して知り得るよりもずっと広い範囲で活動しており、しかも意識にのぼる心のはたらきと相互作用している。

そのうえ、こうした心のはたらきのほとんどすべてが一生にわたって発達していくことも、自分の子ども時代と現在との違いを考えてみればわかるだろう。さらに、私たちは知識やスキルを新しく学習することができる。学習のしかたさえ一生にわたって発達する。学習や発達のしかた自体も心のはたらきである。

その一方で、心は物質ではない。このため、心のはたらきの探究に、物質を相手にしてきた物理学や化学のような自然科学の方法を直接応用することはできない。脳のはたらきから心のはたらきが現れることは一応の事実と考えてよい。しかし、どんなに簡単にみえる心のはたらきにも、脳の中にあるたくさんの物質や、それらの組織がかかわっている。このため、脳の構造や機能だけを追究しても、それですぐに心がわかるというわけにはいかない。

心のはたらきを探究するには脳のはたらきの解明が必要である。しかし、だからといって脳がわかればそれで心がわかると考える発想は単純に過ぎる。

たとえば、女性と男性の脳の構造には違いがある。脳の左右半球をつなぐ脳梁の太さは、脳の大きさを考えに入れると、基本的には女性のほうが太い。ことばや感情に関する神経系のはたらきも、基本的には性によって違いがある。しかし、生育環境や社会環境、伝統的な社会的役割などの影響が大きく、個人差も大きいため、脳の構造や機能の違いだけで男女の感情や思考やことばのはたらきの違いを説明することはできない。

このように、心と脳の理解にはまだ大きなギャップがある。このギャップを埋め、心と脳のはたらきの関係を理解するには、両者に共通する概念や方法論を基礎にして、心と脳の探究を関係づけながら、並行して進めていくことが大切である。認知科学は、こうした概念や方法論として情報の概念と情報科学の方法論を用い、心と脳の探究に新しい道を拓いてきたのである。

2　心のしくみ

心は、感情や社会性や記憶や思考のようないろいろな要素的な機能が相互作用してはたらく情報処理システムである。とくに、心の情報処理システムは、自分自身の心や他の人々の心、また周囲の社会や環境との相互作用を通じて内部の状態が変化するシステムである。

たとえば、誰かと会って話をしているときに揺れ動く感情のはたらきを思い出してみれば、あなたの感情の機能がコミュニケーションのはたらきとどのように相互作用しているか、推察できるだろう。しかも、感情、社会性、思考などの機能自体が、意識下と意識のうえの両方で、相互作用しながら並行してはたらいている。

さらに、右のようないろいろな相互作用を通して、心のはたらき自体が変容していく。短期間に起こる心のはたらきの変化を学習と呼び、長期にわたる不可逆的な変化を発達と呼ぶが、ともにその内容は複雑である。学習と発達についてはこの節の最後にあらためて述べる。

とくに、心のシステムが、他の人々の心や多種多様な社会、またいろいろな環境と相互作用しながらはたらいていると考えることは、心の探究にとって本質的に重要である。

以下では、第1章と第2章の例を背景に、心のはたらきを支えるいくつかの要素的はたらきについて述べよう。

感覚と知覚

外界の情報を身体に取り込む心のはたらきを感覚という。温度や圧力、風の方向、光や音の強さ、皮膚や内臓への刺激による痛さなどの感覚は、生きていくための基本的なはたらきであり、一九世紀から長い研究の歴史がある。感覚という心のはたらきを生じさせているのは、眼の網膜にある網膜細胞、耳の中に複雑に分布している聴覚細胞、温度や圧力を感じる皮膚の細胞をはじめ、全身に分布する感覚細胞と、そこから脊髄や延髄を経て脳に至る神経系、およびそれらのはたらきを支える生命の機能である。感覚細胞は脳から離れた全身にたくさんあり、とくに身体を考えるときには重要になる。むしろ、身体からの感覚情報によって心のはたらきが定まってくるという考え方もある。身体と心の関係については第10章で触れる。

感覚に対して、見える、聞こえる、触れている、味がする、匂うといった心のはたらきは、脳のもっと複雑な情報処理によって支えられている。視覚、聴覚、触覚、味覚、嗅覚（嗅覚の神経構造は他と多少違うが、合わせて五感という）と呼ばれるこれらのはたらきを知覚という。知覚は、多様な心のはたらきを開かせる心の窓であり、とても豊かで複雑な機能をもっている。

たとえば、「見える」という視覚のはたらきを考えてみよう。空に虹が見える。歩きながら見ても、別のところから見ても、さっきと同じ虹が見える。自分が移動しても同じモノであると認識できる視覚のはたらきを（視覚的な）「対象の恒常性」という。虹の色もまた、どこから見ても、まわりの色が変わっても同じ色に見える。周囲の色が変化しても見ている対象の色が同じに見える視覚のはたらきを「色の恒常性」と呼ぶ。視覚の恒常性については、他にも、遠くのモノが近くにあるように大きく見える「大きさの恒常性」などが知られている。

モノが見えているときには、モノの形や動きなどの情報が、網膜細胞から大脳皮質の後頭葉を経て側頭葉や頭頂葉に至る経路で、かなりの部分別々に処理されていることがわかっている。

その一方で、右にあげた恒常性に見られるように、体の動きが変わったり、環境の明るさが変わったりしても、私たちはまったく意識せずに同じモノを同じモノとして見ることができる。

脳では形や色、動きについて別々の情報処理が行われているのに、心のはたらきとしてはそれらがバラバラに見えるわけではなく、モノが一体になって見えるのはなぜだろうか。この問題は(視覚情報の)結びつけ問題(binding problem)と呼ばれ、長い間認知科学の主要な問題の一つに数えられている。

また、何かが「見える」心のはたらきは、単なる視覚系のはたらきだけによるものではない。ハンマーで釘を打とうとすると自然に釘の頭に眼がいく。ハンマーで間違って指を叩くと痛いから釘に相当の注意が向く。釘の頭が見えるときには、大脳皮質の後頭葉にある視覚野が反応している。しかし、それだけでなく、他の多くの神経系がかかわる注意、感情、運動、意思決定などのメカニズムが相互作用してはたらいている。視覚のはたらきは、単に「見える」という受動的なものではなく能動的とみなすことができる。

視覚のはたらきは、意識することもない簡単なものに思えるが、実は脳のいろいろなはたらきの相互作用によって成り立っている。聴覚や触覚など他の知覚についても同様である。

概念

青色で書いた赤という漢字を見ると、まず字の形のほうが眼に入り、日本語を母語とする人であればほぼ自動的に赤色を思い浮かべてしまう。意識下で自動的にはたらいてしまうこのはたらきを途中で止めて、「あお」ということばを口に出すには、どの処理を優先させるかを判断する情報処理のしくみが必要である。

「色」というのは人間のつくった概念である。外界のモノに「色」が付着しているわけではなく、光が当たってその反射光のエネルギーを感覚細胞に受けた人間が、「色」という概念をもとにしてモノを見ている。「あか」、「あお」、あるいは「きいろ」、「しろ」、「くろ」といった個別の「いろ」は、色という概念をさらに分けたもので、(色の)カテゴリーと呼ばれる。人は、概念としての「色」、あるいはそのカテゴリーとしてのいろいろな「いろ」をどのようにして身につけ、使っていくのか、ことばや記憶のはたらきとどのように関係しているのか、こうした問いは、哲学の問いであると同時に、認知科学の興味深い問いでもある。

心のはたらきの中で、概念やその意味を処理する部分はとても大きい。青で書いた赤を「あお」と言う心のはたらきには、字の形や色の知覚だけでなく、形や色の概念や意味を思い出す記憶のはたらき、意味に意識を集中する注意のはたらき、色の名前を口に出すことばのはたらき、字の意味を考えるはたらきを意識下に抑制して色の名前を意識にのぼらせる判断のはたらきなど、多様なはたらきが含まれている。

概念やその意味を処理する心のはたらきは、脳の情報処理の側から見ると、大脳皮質の内側にある帯状回の前部、前頭葉の中でとくに前の方にある前頭前野、間脳にある視床、その他多くの神経系の相互作用に支えられている。

感情

感情には、恐怖、怒り、喜び、悲しみなど、多くの人に共通したいくつかの基本的なものがあるが、人が表現する感情はそれよりはるかに豊かである。たとえば、「顔で笑って心で泣いて」、「眼は口ほどにモノを言う」などのことばが示すように、他人の前で顔の表情を創り出す感情のはたらきだけでもきわめて複雑である。

また、感情のはたらきには、大量の情報を意識下や意識のうえで処理する複雑なメカニズムがかかわっている。たとえば、人はふつう、暗闇を歩いていて後ろから突然呼び止められ、初めて恐怖を感じるのではなく、暗い道を歩き始めるときからドキドキしている。感情がいつどのようにして生じるかは状況に強く依存しており、その状況を感じたり理解するための社会性や記憶や思考のはたらきが感情のはたらきと相互作用する。冷や汗が出たり心臓が高鳴ったりする身体的な反応、「こわいっ」と思う意識的な反応、そして状況の情報を一瞬にして処理するはたらき、これらが一体となった複雑なメカニズムが、恐怖という感情の背後にある。

右のような感情のはたらきのうち、外界からの刺激に直接関係している部分については、脳のはたらきとして大脳辺縁系、脳幹、大脳皮質の間を巡る神経回路が強くかかわっていること、神経系だけでなくホルモンのような内分泌系の役割が大きいことなど、多くのことがわかってきている。とくに、恐怖や恐れの感情には大脳辺縁系にある扁桃体とその周辺部位が強くかかわっていることが、脳の情報処理の過程としてもわかってきた。

人間の感情のはたらきはとても豊かで、気持ちの持ち方の違う人々が社会生活を営めるのは、感情を制御する精妙な心の情報処理のお蔭だと言っても過言ではない。認知症の多くは感情のはたらきの低下を伴うが、それはこの情報処理機能の低下によると考えられる。

なお、感情にはどんなものがあるのか、種類分け自体が大きな課題として昔から検討されてきた。また、専門用語としても、情緒、情動、気分など、感情にかかわるいろいろな用語がある。この本では、ほとんどの場合、一般用語としての感情という語を用いている。

社会性

人は一人では生きていけない。誰かと気持ちを通じることが生きがいにつながる。

お母さんと赤ちゃんの愛着関係も、若いころの恋愛の関係も、中高年になってからの愛情も、その面では同じことである。

その一方で、愛着や恋愛の支えになる心のはたらきはとても複雑で、愛着はコミュニケーションのはたらきとも考えられるし、恋愛と執着がどう違うのか一線を引くのは難しい。他者との関係にかかわる心のはたらきを社会性のはたらきと呼ぶ。社会性のはたらきは、二人の関係だけでなく、家族、地域、学校、企業など、複雑な社会のなかでの人間関係を産み出す源になっている。

社会性のはたらきの基礎には、他の人の意図や気持ちを共有するはたらき、相手の顔の表情を瞬時に感じ取るはたらき、何か動いているモノが人間かどうかを一瞬のうちに読み取るはたらき、他者の行動を自分の行動と同一視するはたらきなど、自分にとってどんな相手か、相手との絆をつくるべきかを意識下で判断するメカニズムがある。人が人とともに生きるための術は、心のはたらきの中に埋め込まれている。

たとえば、愛着や恋愛で大事なのは、他人が心の中で何を思い、信じ、望んでいるかを推測することである。こうした社会性のはたらきは、他の霊長類と異なる人間の大きな特徴である。こうした社会性のはたらきを支える脳の機能についても、報酬の予測や価値判断に関係する眼窩前頭皮質、感情に関与する扁桃体、顔の表情の変化に反応する上側頭溝、他者と自分の行動を同一視するときに反応する前頭葉の運動前野や頭頂葉の連合野など、多くの部位が関係していることがわかってきている。

また、中脳の被蓋部などから放出されるドーパミンのような神経伝達物質（コラム2）が神経系に作用することが、愛情のような感情が持続するのを支えていることも、示唆されるようになった。社会性のはたらきは、社会的な動物としての人間にとって大切な心のはたらきであるだけでなく、たいへん深い学問的なテーマを含んでいる。

運動と体性感覚

人の体の動きは、よく見るととても複雑である。指などの小さな怪我でも歩いたり走ったりするのが難儀になる経験は誰にでもある。体には筋肉や骨格がたくさんあって、簡単な運動にも多くの筋肉や関節がかかわるから、全体として動きの自由度が大きくなる。このため、単純な動きでも自由度を減らすための情報がたくさん必要になる。

とくに、動きが一つに決まるには、視覚情報をはじめ、別の多くの情報が必要になる。たとえば、道路で左右を見るときには、視覚や顔の運動だけでなく、次に述べる注意や判断のはたらきなど、多くの機能が相互作用しており、そのお蔭でしっかり左右を見ることができる。

心と脳における運動の情報処理は、長年にわたって研究が蓄積されてきたテーマの一つである。たとえば、目印をつけた机の前に座り、手をさっと伸ばして指でその目印を触る簡単な運動を考えよう。最初は目印を外していたのが、数回でまっすぐ目印に触れることができるようになる。この運動には、小脳、大脳基底核、大脳皮質の運動野などを巡る複雑な神経回路がはたらいており、こうした回路を中心として、視覚神経系および筋肉や骨格を動かす神経系が相互作用し、眼の運動と手の運動を協調させる制御が行われていると考えられている。

また、運動のはたらきに似た機能として、体のどこに触れたかを感じたり、体のバランスを取ったり、体の位置や方向を感じたりする体性感覚のはたらきも大切である。体性感覚についても長年の研究があり、主として頭頂葉の神経系が強く関与していることがわかっている。運動も体性感覚も身体活動の基本になるはたらきであり、身体のトレーニングやリハビリテーション、環境設計やロボット開発などへの応用のためにも、その解明が進められている。

注意、意識、実行機能

ヘッドフォンを工夫して、右の耳と左の耳に違った声が聞こえるようにする。たとえば、右の耳には女性の声、左の耳には男性の声が聞こえる。このとき、右の声だけに注意を集中してほしいと言われると女性の声だけを聞くことができるし、左だけに注意してほしいと言われると男性の声だけが聞こえる。特定の情報に注意を集中できるのは、心のはたらきがもつ特徴の一つである。

雑踏とかパーティのような騒音の中でも自分の名前ならちゃんと聞こえるのも、注意のはたらきのお蔭である。ただし、注意といっても、誰でも気づく大きな音に注意が向く、自分の好きな音楽が聞こえると注意がいく、自分が暮らしていくうえで意味のある情報に注意が向くなど、いろいろなはたらきがあり、それぞれに違った情報処理が関与していると考えられる。

注意のはたらきが向けられるのは音声だけではない。何かに注意を集中していると、注意を向けていることと関係のないモノが「眼に入らない」ことが多い。ある実験によれば、バスケットボールの試合の最中にゴリラ（のぬいぐるみを着た人間）がコートを横切る映像を見ても、ゲームに注意を集中していると、コートを横切るゴリラの姿にまったく気づかないことがある。人は、場違いのゴリラが眼に入らないほど、自分にとって意味のある情報だけに注意を集中することができるのである。

また、何かに注意を集中しているときには、その対象を意識していることが多い。注意と意識は不可分の関係にあるが、意識ということばのほうもいろいろな意味を含んでいる。たとえば、ぼんやりと気づいていること(気づき awareness)、自分に気づいていること(self-awareness)、パターン、イメージ、概念、ことばなどを自分の心の中に思い浮かべていること(consciousness)、自分の存在や行動や心のはたらきを自分の心の中に思い浮かべていること(self-consciousness)、その他いろいろな意味がある。意識の興味深い点は、何かを意識しているときには意識している自分に気づいていることである。意識のはたらきには、自分を心の中で思い浮かべる心の機能が含まれている。

脳のはたらきから見ると、注意や意識は知覚、感情、社会性、記憶、思考などのいろいろなはたらきを制御する役割を担っており、前頭葉をはじめとする広い範囲の神経系がかかわっていると考えられる。こうした制御を担う司令塔的なはたらきとして、実行機能(executive function)と呼ばれる機能を想定することもあり、前頭葉の前頭前野などが関与しているといわれる。ただし、実行機能がどんな情報処理を行っているのか、実行機能を制御する実行機能はどこにあるのかなど、まだわかっていないことも多い。

記憶

人の一生は記憶のかたまりであり、その記憶が社会全体の記憶を形づくる。小さなころからの自分の記憶はもとより、人が自分について覚えていてくれること、社会に刻まれた自分の記憶、そうした記憶のかたまりが人の輪郭を描き出す。「うさぎおいしかのやま……」に詠み込まれた懐かしい記憶、「ゆく河の流れは絶えずして、しかももとの水にあらず……」に刻まれた人間と社会の記憶、記憶に題材を求めた芸術作品は限りなくある。

記憶のはたらきをもう少し心と脳に近寄って眺めてみると、記憶ということば自体がいろいろな意味をもっていることに気づく。情報を覚えること(記銘とか符号化と呼ぶことがある)、保持すること、思い出すこと(想起と呼ぶ)など、それぞれに記憶ということばが使われている。

私たちは状況に応じていろいろな想起のしかたをする。あの人はいい人だと思い込もうとしていると、その人のいい面ばかりを思い出して後で後悔したりする。新しい情報が妨げになって、すでに保持されている情報が思い出せなくなることもよくある。その一方で、のどもとまで出てきていながら想起できなかった情報が何かの機会に急に思い出されたりする。戦争や大災害のときのように、社会の状況が人間の記憶を変え、人の記憶が社会の記憶をつくっていく。

記憶のはたらきは、外からの情報、心の中にある情報、あるいは他者の存在や社会の状況によって、さまざまに変容する。にもかかわらず、一人の人間の記憶は生涯にわたって一貫している。記憶のはたらきの豊かさ、不思議さがここにある。

長年にわたる研究によって、記憶のはたらきにはたくさんの種類があることがわかってきた。知覚、感情、記憶、思考などのはたらきが扱う情報を統合して新しく記憶する情報を創り出す作動記憶、何かの概念やその意味、モノの名前のような事物の情報の記憶（宣言的記憶）、スポーツのやりかたや本の読みかたのようなスキルの記憶（手続き的記憶）、思い出したという意識がないのに思い出される記憶（潜在記憶）、子どものころの運動会やマドレーヌと紅茶の回想のような過去のできごとを時間的に追った記憶（エピソード記憶）、中高年のほうが若い世代より得意だといわれる、これからの予定などをタイミングよく思い出す記憶（展望記憶）、記憶することについての記憶（メタ記憶）、その他多種多様な記憶のはたらきが考えられてきた。

また、心の障害（この本では脳神経系の障害や精神疾患などを広く心の障害と呼ぶ）の臨床所見や脳の基礎研究によって、さまざまな記憶のはたらきと脳の活動との関係が推測できるようになってきている。たとえば、前頭葉の前頭前野が損傷を受けると、作動記憶のはたらきに障害が起こり、いろいろな情報を組み合わせたりすることが困難になると考えられる。また、新しいことを覚えられなかったり、覚えたとしても思い出せない順行性健忘や、以前のことを思い出せない逆行性健忘（ともにエピソード記憶の障害と考えられる）などが現れる、コルサコフ症候群の症状が起こるときには、間脳にある視床の背内側核や左右の乳頭体がはたらかなくなっていることが多い。大脳辺縁系の海馬とその周辺部位、視床、および大脳皮質を結ぶ神経回路が記憶の情報処理に強く関与していることもわかってきている。また、神経伝達物質のような分子のレベルで記憶のメカニズムを探る研究も盛んになった。

記憶のはたらきについてわからないことはまだたくさんあり、とくに記憶障害に直接立ち会う臨床と記憶のメカニズムを探究する基礎研究のギャップを埋めることが大きな課題になっている。健忘症だけに限ることではないが、心の障害への社会的なサポートを推進するためにも、記憶を含めた心のはたらきを多くの人が理解することが大切である。この項の初めに述べたように、人の一生は記憶そのものであり、分子から神経細胞、心のはたらき、さらには記憶と社会の関係に至るまで、記憶研究への期待は大きい。

イメージ

私たちは、一度も会ったことのない人と親しく語り合っている光景をイメージすることができる。初めて植えた作物の収穫、新しい製品の出荷、初めての海外留学や地域社会でのボランティア活動、一度も体験したことがないのに、鮮やかにイメージできる。実際に体験してから味わうはずの感動まで、イメージの中にすでに入っていたりする。

知覚、運動、記憶、思考、感情、社会性などのはたらきの相互作用によって心の中に創り出される新しい情報のことをイメージという。外界の手を借りずに心の中だけで多種多様な情報を創造するイメージのはたらきこそが、心のはたらきに広がりを与え、人間の活動を豊かにする源泉になっている。

イメージのはたらきによって、私たちは、本来は外界からの入力情報をもとにしてはたらく、知覚、感情、社会性、運動、記憶、思考などのはたらきを、心の中だけでシミュレート（模擬）することができる。また、いろいろなはたらきの相互作用さえ、心の中でシミュレートできる。心の中で空飛ぶじゅうたんに乗ってペルシャの空を飛び回ることができるのは、記憶、思考、感情、知覚などのはたらきとイメージのはたらきとの相互作用によると考えられる。

さらに、イメージのはたらきは身体とも相互作用する。スポーツ選手は体の動きを心の中で繰り返すイメージトレーニングを繰り返すが、これは運動のイメージをつくることが身体動作を制御することにつながるからである。逆に、ピアニストは練習を積むことによって心の中でピアノが自在に弾けるようになる。将棋の棋士はすべての局面をイメージすることができる。

イメージのはたらきを支える脳の機能についても研究が進んでいる。たとえば、視覚イメージを思い浮かべるときには、視覚のはたらきに強く関与する後頭葉の視覚野などの神経系はもちろん、思考にかかわる前頭葉の前頭前野などの部位、および後頭葉と前頭葉をつなぐ神経経路などが連動してはたらくことが示唆されている。こうした神経系が相互作用することによって、網膜にも映っていないし記憶にも保持されていない新しい情報を、視覚イメージとして心の中に創り出すことができると考えられる。

イメージのはたらきを心と脳の両面から科学的に探究することを通して、第2章で触れた、何千キロもの海原を航海するミクロネシアの人々が心に描くイメージや、工芸や技術の熟達者が何ミクロンという厚みを感じ取るイメージのはたらきも解明されていくに違いない。

言語

人間の言語がもつ特徴の一つは、記号で表現される情報が一列に並び、しかも文法の規則にしたがった構造をもっていることである。文を話す、書く、聞く、読むはたらきのすべてが、基本的には文法にのっとった一列の記号情報を扱っている。このため、文字や形態素(意味をもったことばの単位)や単語から文、文章(意味がつながるように置かれた二つ以上の文の並び)を構成するときには、ことばを表現する記号を特別な規則(文法規則)に合った一列の並びにするはたらきが心の中で必要になる。このはたらきの少なくとも一部分は、心の他の機能とは独立な言語のはたらきとみなすことができる。

言語のもつもう一つの特徴は、ことばを理解したり話したりするときには、狭い意味でのことばのはたらきだけでなく、知覚、記憶、概念やイメージ、運動などのはたらきの相互作用が必要なことである。

言語の第三の特徴は、人間関係を築き、社会の絆を創り出す、コミュニケーションの最も基本的な手段になっていることである。どんな状況でどんな相手にどんなことばを使えばよいか、そこを間違えると取り返しがつかなくなることは、社会人の多くが経験していることだ。また、どんなことばを選んで話したり書いたりすべきかについては、意思決定や判断のはたらきが強くかかわっている。他者と良い関係をつくり、自分の考えを円滑に相手に理解させるには、ことばが社会性や判断のはたらきと密着していることを忘れてはいけない。

ことばのはたらきを支える脳の機能についても、興味深い知見がたくさん得られてきた。たとえば、おおまかな見方ではあるが、側頭葉のウェルニッケ野（第4章）やその周辺部位がことばの理解に、前頭葉のブローカ野（第4章）やその回りの神経系が文法や発話に、これらの間にある角回や縁上回が音声や文字の理解にかかわっていることが知られている。

ただし、ことばのはたらきがこれらの部位だけに支えられているわけではない。とくに、知覚や運動、体性感覚などのはたらきにかかわる神経系も、右のような部位と一緒にはたらいていることがわかってきている。ことばと身体の関係を科学的に探究することは、人間の本質に迫る興味深い課題である。

また、英語など外国語の多くは表音文字だけで成り立っているが、日本語の文にはひらがなやカタカナのような表音文字と漢字のような表意文字が混在している。表音文字と表意文字の読みや理解には脳の中の異なる神経部位がかかわっている。このため、日本語を母語とする人と英語を母語とする人では、脳におけることばの情報処理の方法が多少違っていると考えられる。文化圏や言語圏の違いが言語や思考や記憶のはたらきにどう影響するかという問題もまた、心、脳、社会の全体にわたり一貫して探究することのできる興味深い課題である。

思考

ロダンの彫刻「考える人」について、ロダン自身が「実り豊かな思索が彼の頭脳の中でゆっくりと確かなものになってゆく。彼はもはや夢想家ではない。彼は創造者である」(国立西洋美術館名作選)と語ったと伝えられる。「思考する人間」は「創造する人間」であると断言したこのことばは、原型が制作された一九世紀後半の時代背景を背負いながらも、思考のはたらきの最も大切な点を言い当てている。

思考とは、いろいろな情報を心の中で結びつけたり、組み合わせたり、並べ替えたり、比較したり、系列化したり、変換したり、新しい情報を創り出したりするはたらきのことである。また、こうしたはたらきを総合して、まわりの状況や心の中が細かく変化しても、それにとらわれず、いろいろな状況のどこが似ているか、何が原因で何が結果なのかを深く探ること、論理的にしっかりした判断をすること、新しい情報を創造することなどを、一貫して扱う心のはたらきである。また、こうしたはたらきによって、さまざまな情報の間の関係を創り出し、構造化していくことも、思考の機能の大事な部分である。

思考のなかでも、問題解決や意思決定のはたらきについては、昔から多くの研究が行われてきた。問題解決とは、何が問題かを理解するとともに、その問題を解く方法を見つけることであり、問題を発見することも含む。また、意思決定とは、行動がもたらす価値を予測して適切な行動を見出したり、複数の行動の予測価値を比較して適切な行動を選択することをいう。

問題解決と意思決定の間にも深い関係がある。たとえば、問題を解くときに一度に解けてしまうことは稀で、副次的な目標を立て、その副次目標を達成するための目標をさらに立てたり、試行錯誤を繰り返して答を模索したり、意思決定を次々と繰り返すことが多い。

問題解決や意思決定のはたらきを中心として、思考の機能を支える脳のしくみについても研究が進んでいる。昔から「思考の座」は前頭葉にあるといわれてきたが、実際には、感情、記憶、ことば、社会性などのはたらきとの相互作用によって思考のはたらきが成り立っている。また、思考のはたらきは意識のうえで行われていると錯覚されやすいが、実際はそうではなく、とくに習慣的な思考のはたらきには、大脳基底核や大脳辺縁系、脳幹など、脳の深い部分が強くかかわった、意識下の情報処理が大きな役割を果たしている。

さらに、意思決定や判断のためには、判断の結果どんな報酬が得られるか、その報酬にはどんな価値があるかを予測したり、モニターしたり、評価する必要がある。こうした報酬や価値の予測や評価についても、感情や意識下の処理が深く関与しており、眼窩前頭皮質、前帯状回、扁桃体をはじめ、前頭葉や大脳辺縁系を中心とした多くの部位がかかわっていると考えられる。

心と脳の両面から、人間の最も人間らしい特質の一つである思考のはたらきを探究することによって、人間とは何かという問いに新しい光を当てることができるのである。

学習・発達・進化

心のはたらきも脳のはたらきも、いろいろな時間の流れの中で、自分で自分を変えていく。こうした過程には、主として時間の長さ、周囲の状況や心の中でいろいろなはたらきが起こす相互作用の複雑さなどの違いによって、学習、発達、進化などのことばが当てられている。ここでは、これらのことばの遣い方について触れておこう。

数時間から数日、数年にわたって、新しい情報を記憶したり、新しい経験を積んだり、記憶した情報や経験を通して得られた情報を自分の知識やスキルに変え、身につけた知識やスキルを用いてさらに新しい経験を積み、こうしたサイクルを繰り返して心や脳のはたらき自体を変えていくことを、私たちはふつう学習という。

右にあげたのは日常生活のレベルでの学習であるが、分子から社会までどのレベルで学習を考えるかによって、学習の意味はまったく違ってくる。神経伝達物質やホルモンの分泌量が変化するような分子のレベル、神経細胞のシナプス結合周辺で生じる活動電位の増強や抑制のような細胞レベル、手の運動学習のように多くの神経部位の相互作用による神経系のレベル、外国語の学習や車の運転スキルの学習のような個人の心のレベル、赤ちゃんがお母さんとの愛着関係を学習したり新入社員が会社の中で行動のしかたを学習するといった、他者との関係や社会的な関係のレベルなど、学習にはまったく別の観点で理解すべきたくさんの切り口がある。

ところが、こうした学習には共通の性質もある。とくに、右にあげたいろいろなレベルの学習はすべて心や脳のはたらきによって現れるものであり、持続する期間も似ている。学習とは、心や脳のはたらきが、そのはたらき自体を比較的短期間に変えていくことだという点は、きわめて重要なことである。自分で自分をこれほど一貫して変えられるシステムは、生物、機械を通じて、人の心と脳よりほかにないからである。

一方、発達とは、数カ月から数年、あるいは十年から百年以上の時間をかけて、心や脳のシステムが自らのはたらきによって自らの構造や機能を新しく創り出し、その新しい構造やはたらきを用いて外界や自分の内部と新しい相互作用を行い、そこから得られた経験を通してさらにこうした変化を繰り返していくことである。学習と似た面も多いが、長い時間をかけて変化が起こっていく場合が多いこと、いったん発達が進むとふつうは以前の状態には戻らないことなどが、発達の特徴である。

学習と発達の例をあげておこう。生後三カ月ぐらいの赤ちゃんに音を聞かせると、はじめは側頭葉の聴覚野だけでなく前頭葉も反応するが、同じ音を続けて聞かせていると前頭葉の反応が小さくなり、別の音に変えると再び前頭葉のはたらきが活発になる。この現象だけを見ると、これは赤ちゃんの学習の一例である。これに対して、赤ちゃんはこうした学習をいろいろな心のはたらきについて積み重ねながら、音声を理解し、意味を理解し、発話のしかたを覚え、ことばを使うことができるようになっていく。これは赤ちゃんの発達の一例である。学習と発達の違いは心や脳のシステムの変化をどの観点からどう見るかの違いであり、ただ一つの境界線によって仕切られた厳密な違いではない。

学習と発達に対して進化とは、幾多の生物種が生存を図ろうとしている世界のなかで、食糧や配偶者の獲得、社会的関係の維持などのために、何万年という長い年月をかけて、種自体や種に属する個体の構造、機能、行動のしかたなどが変容していくことだと考えられる。

進化に関する論議のなかでも、人の心のはたらきがどのようにして進化してきたのかという「心の進化」の問題は、長い間多くの人々を惹きつけてきた。とくに、心の進化は食糧の確保や子孫の維持のためと考えるダーウィン以来の環境適応説に対して、人が生きていくにはむしろ複雑な社会的関係に参加して上手につきあうための心のはたらきが大事だという考え方が出てきている。この「社会性のはたらき」説については第8章でも触れるが、心のしくみについてわかってきたことを総合すると、当たっていると考えられる面もある。とりわけ、他者と意図を共有するはたらき、コミュニケーションのはたらき、顔の表情や人間の動きの知覚のはたらきなど、社会性にかかわる心のはたらきが生後早くから発達すること、またこうしたはたらきの多くに前頭葉の機能がかかわっていると考えられることは、人が複雑な社会的関係のなかで生きていかざるを得なかった長い進化の歳月を想定しないと説明しにくい。

以下では、心のはたらきと社会の関係について、もう少し近づいて考えてみよう。

3　心と社会

心がつくる社会

社会はそこに参加しようとする人々の心のはたらきによってつくられていく。社会もまた、そこに参加している人々の心に影響を与えていく。「社会」ということばにはいろいろな意味があるが、この本では、複数の人が、コミュニケーションの習慣、生活のしくみ、制度などを共有し、それを通して相互作用するシステム（コラム1）のことを指している。その意味では、地域のコミュニティ、企業のような組織、学校、家族、また、同じ文化や言語を共有してコミュニケートする人々の集まり、ネットのうえで対話する人々の集まりなどは、どれも社会である。最近多用されるグローバル社会ということばは、国境を越えて生活のしくみや制度を共有するようになってきた社会のことである。

社会は心のはたらきからどのようにしてつくられるのだろうか。まず大事な点は、さきにも述べたように、人の心には社会性のはたらきが宿っているということである。

たとえば、人が体の何カ所かに電球をつけ、暗い中で点灯して歩くと、いくつかの光点の軌跡しか見えないはずなのに、人間が歩いているように自動的に「見えて」しまう、バイオロジカルモーションと呼ばれる知覚の機能が知られている。他にも、顔の表情を特別に速く感じ取れること、他の人の動作を自然に模倣できること、他人の動作に共鳴して同じような動作をしてしまうこと、過去のエピソードを思い出すときに自分が思い出しているという意識が自動的に現れること（自己想起意識）、体を動かしているのを意識するときにそれが自分だと自動的に感じられること（運動主体感）など、他の人や自分にかかわる情報を、多くは意識下で処理する社会性のはたらきはたくさんあり、どれも子どものころから現れる。また、赤ちゃんが他の人の心を読み取れるようになるのと自分の心の状態を意識できるようになるのとどちらが先かといえば、他人の心のほうが先だとする考え方も増えてきている。

こうした心のはたらきが、人が社会をつくっていく、あるいは社会に引き込まれていくための重要な役割を果たしていると考えられる。

他者の心のはたらきを迅速に感じ取れること、他人とのコミュニケーションや情報の共有を迅速に行えることは、社会をつくり、社会に参加しながら生きていく人間にとって、とても大切なことである。人は、モノについてのことばや思考などの機能とは別に、むしろことばや思考が身につくよりも早くから、他人や自分の心を知り、気持ちを通じ合い、良いコミュニケーションの関係を紡ぐ社会性の機能を発達させる。このことは、認知科学やその関連分野の研究がこの二〇年ほどの間に明らかにしてきたことである。

第1章の冒頭で述べた「コミュニケートする人間」の像は、右に述べてきた社会性のはたらき、とくにコミュニケーションのはたらきが、心の他のはたらきと相互作用することによって立ち現れる人間像にほかならない。

コミュニケーションと社会

社会の絆を構成する重要な要素であるコミュニケーションのはたらきは、社会性、感情、ことば、運動などのはたらきの相互作用のもとで発達する。たとえば、お母さんが赤ちゃんに抑揚をつけた赤ちゃんことば(マザリーズという)で語りかけること、赤ちゃんもお母さんに(原初的な)ことばで語りかけること、お母さんが赤ちゃんの体の向きをいろいろに変えること、赤ちゃんがお母さんのその動きに同調することなど、赤ちゃんとお母さんの間で頻繁に起こる相互作用を通じて、コミュニケーションのはたらきが発達する。

他者とのコミュニケーションがうまくいかない発達障害の一つである自閉症の原因はまだ明らかになっていないが、現象としては、心のいろいろなはたらき同士の相互作用がうまく発達しないことによるものと考えられる。

コミュニケーションのはたらきは、人それぞれに生涯を通じて発達する。そして、人が社会に参加し、また社会がコミュニケーションのスタイルを共有して維持されるための基本的な役割を果たしている。人は自分の関心事にはきわめて敏感で、この心のはたらきを「意味敏感性」と呼ぶが、意味敏感性はコミュニケーションを支える重要な機能である。人間には意識しなくても自分の気持ちが正直に相手に伝わってしまう傾向があることも指摘されている。

また、社会を構成する個々の人間の心の中で、コミュニケーションのはたらきの他にも、感情、運動、記憶、イメージ、その他多くの機能が、社会性やことばのはたらき、あるいは報酬の予測や評価のはたらきと連動することによって、共感、いさかい、権利、責任、倫理など、対人関係の基盤となるいろいろな心のはたらきが生じるものと考えられる。

社会をつくり、維持していくための心のはたらきには、さらに多くのものがある。たとえば、道具をつくり、生活環境を整備し、政治、経済、外交のしくみをつくり、宗教、文化、文明を産み出すのも心のはたらきであり、とりわけコミュニケーションの機能である。たとえば、ネットワーク社会のコミュニケーションが従来のような直接対面型のコミュニケーションとどう違うのか、情報の概念をもとにして、ジャーナリズムや法制度、経済のしくみなどの社会システムの考察を進めると、ネット社会に潜むさまざまな問題とその解決策が見えてくる。

情報の共有

社会がつくられ、維持されることは、情報の観点から見ると、個別の人間が扱う情報はそれぞれ違っていながら、その社会全体で共有されたり利用されたりする情報が増えていくということである。たとえば、一つの村に暮らす人々であっても、個々の人間は違った情報を異なる方法で処理している。しかし、村全体に共有されている情報をどのくらい知っているか、価値を置いているか、利用できるかが、個人がその社会に帰属する度合いを計る尺度になる。村の祭りに参加していれば、その祭りで起こったできごとの情報を共有できる。逆に、その情報を共有していない人は社会から排除される傾向が出てくる。

また、情報を共有しているということは、役場や学校にあるデータを村の誰もが閲覧できるということだけではない。お互いに心の中で思うこと、感じることが暗黙のうちに共有される、それが社会である。たとえば、第2章の例でも触れたエピソード記憶のはたらきによって、村の人々はみな、子どものころの祭りや学校のことを懐かしく思い出すことができる。この懐かしさも、社会で共有される情報の一環である。感情や記憶などのはたらきによって得られる情報を共有していることが、社会の構成メンバーであるための必要条件になっている。ただし、まったく同じ情報が共有されているわけではなく、ことばやジェスチャーを介してお互いの心にある情報を推論し合っていることを共有と呼んでいると言ったほうが正確であり、したがって情報共有はコミュニケーションのはたらきと深い関係がある。

右のような見方を意識しているにせよしていないにせよ、こうした見方に基づいた認知科学の研究は盛んに行われてきた。その一端は、文化圏や言語圏による思考のしかたの違いに関する研究、あるいは、人が文化や社会に関与し、そこから学びながら新しい文化をつくっていく過程などの研究に見られる。とくに、教育の問題を子どもたちの生活環境と学習環境の関係から理解するには、右にあげたような情報共有について理解することが大事なカギになる。

また、ネットワーク社会における情報共有の問題は、心のはたらきと情報セキュリティや法制度の関係を合理的に築かなければならない新しい課題である。たとえば、根も葉もない誹謗中傷の情報を流して人をおとしめたり、子どもにわいせつな情報を流したり、個人の重要な情報を漏洩させて損害を与えたりすることがネット社会の大きな問題であることは知られているが、どう解決すればよいかについては議論が進んでいない。

こうした問題にはすべて、子どもから大人に至る心のはたらきがかかわっている。その解決には心のはたらきをできるだけ科学的な立場で探究し、その結果をもとにして何らかの社会的なルールを形成していくことが重要である。クルマ社会には交通規則があり、反則金制度まで定着しているのに、ネット社会にはまだそうした社会のしくみがほとんどできていない。感情やことば、コミュニケーションのような心のはたらきが根元にあるネット社会に社会的ルールを導入していくには、認知科学の知見がきわめて重要なカギになる。

この章に取り上げたことの多くは、現在世界中で第一線の研究者が取り組んでいる問題である。その土台は、以下の第4章に述べるような方法論をもとに、第Ⅱ部で述べる半世紀あまりにわたる認知科学の研究によって築かれてきた。また、この章で触れたことのうちとくに今日的な課題については、第Ⅲ部であらためて取り上げる。

第４章　探究の方法——哲学から情報へ

三千年の土壌

認知科学は、少なくとも紀元前数世紀のころから三千年近くにわたって世界各地に蓄積された心の探究の成果を土壌とし、一九三〇年代から四〇年代にかけて勃興した情報科学の方法論を導入して二〇世紀の半ば以降に育った、認知現象の探究への新しい知的営みである。この章では、長い年月をかけて浮かび上がってきた認知科学の方法論の特徴について、概要を述べることにしよう。

なお、以下では「モデル」ということばを使う。心(脳)のモデルとは、心(脳)の構造や機能のうち説明の目的に照らして大事だと思われる特徴を抜き出し、それらの間の関係を整合的に表現したものである。たとえば、記憶のモデルとは、記憶のはたらきのなかで大事だと考えられる、新しい情報を覚えたり、保持したり、思い出したりすること、またそれらにまわりの状況や過去の記憶情報がどうかかわっているかということなどについての特徴を抽出し、それらを関係づけて、意味のある説明ができるように適切に表現したもののことである。また、情報処理モデルとは、第２章のコラム１に述べたような情報処理システムとみなせるモデルのことをいう。第3章で述べてきたことの骨子は、実は心の情報処理モデルの概要にほかならない。モデルを本格的に定義するには論理学によるべきだが、この本ではそこまでは立ち入らない。

構造主義と機能主義

心や脳の探究には、おおまかに分けて、心や脳の構造をまず考える構造主義の方法と、はたらき(機能)をまず問題にする機能主義の方法がある。二つの方法は三千年近くにわたってなかなか交わらず、基本的には平行線をたどってきた。(この本では、構造主義という用語を、ここでいうような要素とその属性、要素の間の関係などをもとにして対象を説明する広い意味での構造主義と、一九世紀末のスイスの言語哲学者ソシュールなどの思想を汲み二〇世紀前半の西欧思想をリードした「構造主義」の両方に用いる。)

まず心について述べよう。心の構造主義の基本的な方法は、心をいろいろな属性をもった要素とそれらの間の関係としてモデル化することである。アリストテレスの連合法則、ライプニッツの単子論、英国に育った経験論哲学における観念の連合モデル、一八世紀ドイツの哲学者テーテンスによる知情意の分類、あるいは一九世紀から二〇世紀にかけて活躍したドイツの心理学者ヴントやその弟子で英国生まれの心理学者ティチェナーなどによる、心の要素とその連合のモデルや、米国のワトソンらによる行動主義心理学の刺激(Stimulus)—反応(Response)モデルなどは、おおまかな分け方ではあるが、構造主義の流れを汲むよく知られた例である。

これに対して心の機能主義は、人間の活動における心のはたらき(機能)を正面に据える。さらには、何のために心がはたらくのかという目的論的な考え方にも傾斜する。古典的な例として、アリストテレスの霊魂論、ライプニッツの単子論（単子（モナド）は目的をもつと仮定された）、ドイツの哲学者ブレンターノの作用心理学、米国の心理学者ジェームズの機能心理学などがあげられる。

ただし、実際にはこれらの境界はそれほど明確なものではないし、重なっている場合も多い。右に述べたように、アリストテレスやライプニッツの心のモデルは両方にまたがっている。

脳については、構造に関しては解剖学が、機能に関しては生理学が、長年にわたって協調と競合を繰り返しつつ、多くの成果をあげてきた。たとえば、一九世紀の後半にイタリアの医学者ゴルジが神経組織の染色法を発明、スペインの神経解剖学者カハールが神経細胞とシナプス結合の微細構造を解明して神経系の構造解明に道を拓き、その半世紀後にカナダの心理学者ヘッブによるシナプス結合の学習モデルのような脳機能の情報処理モデルが生まれる素地を築いた。ゴルジとカハールは一九〇六年にノーベル賞を受賞している。

心と脳の関係を探究する方法として構造と機能を結びつけるモデルを提示した先駆者の一人は、英国の神経生理学者シェリントンである。彼は、一九〇四年の講演の中で、筋肉の反射機構は神経細胞の興奮性および抑制性の結合によるフィードバック構造をもち、目標に向けてはたらくという考えを述べた。シェリントンのモデルは、特定の構造から機能が生まれることを示唆した点で、その後認知科学が追究することになる構造主義と機能主義の統合の先駆けの一つとみなすことができる。シェリントンは一九三二年にノーベル賞を受賞した。

認知科学の大きな柱を形成することになる言語学や人類学でも、構造主義と機能主義の協調や相克が続いた。とりわけ、ソシュールなどを先駆者とし、ロシアの言語学者ヤコブソン、フランスの人類学者レヴィ＝ストロース、スイスの発達認識論学者ピアジェら、多くの人々によって二〇世紀前半に思想の時代精神を形成した「構造主義」は、現象の背後にある構造のモデル化を重視する意味で認知科学の形成に大きな影響を与えた。

これに対して、言語学ではプラハの構造言語学派が、ことばが文脈の中でどのように使われるかに関心をもつようになり、その後言語の認知科学に大きな影響を与える機能主義のさきがけとなった。人類学ではポーランド出身のマリノフスキーなどに代表される機能主義の学派が、生活や文化の中に参加して観察をするエスノグラフィー(民族誌)の手法によって文化と認知の関係を探究する認知科学の潮流に多大な影響を与えた。

なお、まったく別の文脈になるが、二〇世紀の前半に提唱された現代日本語文法である橋本文法と時枝文法は、おおまかに言えば、それぞれ構造主義的な言語学と機能主義的な言語学の考え方をもつとみなすことができる。西洋からの影響を差し引いても、日本の言語学にも構造主義と機能主義の流れがあったことは、思考のしかたの普遍性を物語る例として興味深い。

こうした歴史をたどりながら、構造主義と機能主義は基本的には別々の道をたどっていた。これら二つの道に橋が架けられたのは、一九三〇年代から四〇年代にかけて情報科学が勃興し、両者を情報の概念で関係づけたことによる。とくに、心や脳をシステムとみなす構造主義に基づきながら、そのシステムのはたらきを探る機能主義を正面に据え、情報の概念によって構造と機能の統合を果たしたのが認知科学だったのである。

局在論と全体論

心や脳のはたらきが、心あるいは脳の一部分だけの局在的なはたらきを基本にしているのか、それとも心や脳全体のはたらきから生じるのかという問題もまた、長年にわたって研究者や臨床家の関心を呼んできた。

ドイツの医師ガルが一九世紀初頭に唱えた局在論は、脳は多くの器官に分かれており、一つの器官が心の特定のはたらきに対応しているとする考え方で、それに基づく骨相学は、専門家だけでなく、頭蓋の形を外から見て性格がわかるということで一般の人々の人気の的になった。

一九世紀後半には、フランスの外科医ブローカが、脳損傷の所見から、左脳前頭葉の特定の神経部位が損傷を受けると文法に合った複雑な文をつくるのが困難になることを見出し、ドイツの若い精神科医ウェルニッケが、左脳側頭葉の特定の部位が損傷されると文の意味の理解が困難になることを発見した。これらの知見には今では批判もあるが、部位自体は今なおそれぞれブローカ野、ウェルニッケ野と呼ばれている。

こうした臨床の知見と脳内の個々の神経部位の機能を詳細に調べる基礎神経科学の発展が相まって、脳神経系の研究において機能局在論が主流の位置を占めるようになる。

これに対して、特定の心のはたらきに脳全体の活動が関与していると考えるべきだとする全体論の系譜も、現代まで続いている。たとえば、二〇世紀の前半に活躍した米国の神経心理学者ラシュレーは、脳神経損傷患者の症状を調べても特定の部位が特定の記憶障害に対応しているとは思えないこと、少なくとも脳の広い範囲にわたる活動によって記憶のはたらきが起こっていると考えられることを説得的に述べた。こうした全体論の考え方は、とくに臨床家や臨床研究者の間に根強く伝わり、機能的磁気共鳴画像法(fMRI、第9章)などの応用によって脳の広い範囲の活動データが蓄積されてきた現在、むしろ復活しつつあるように思われる。

心のはたらきについても局在論と全体論の系譜がある。心をいろいろな要素とその間の関係という構造主義的なモデルによって理解しようとする人々は、局在論的な考え方を取ることがよくある。たとえば、ことばのはたらきについては、音声、音韻、形態素、単語、文、文脈、その他の処理に関して、視覚、聴覚、運動、記憶、イメージ、概念、思考などのはたらきを別個に調べ、それらを総合してことばの情報処理を理解しようとする方法がよく取られる。

これに対して、心のはたらきを全体論の立場で探究する考え方もある。なかでもよく知られているのは、一九世紀末から二〇世紀の前半にかけて盛んになったゲシュタルト学派の心理学

(ゲシュタルトはドイツ語で「形態」のこと)である。ゲシュタルト心理学者がとくに主張したのは、モノの輪郭や色や形のような視覚的特徴を個別に知覚してから全体がまとまって見えるのではなく、全体が見えてから個々の特徴が知覚されるのだという全体性の原理(Totality Principle)であった。

ゲシュタルト心理学者たちは、この考え方を知覚だけでなく思考や問題解決のはたらきに広げ、「あっ、そうか!」というひらめきや洞察、創造的な思考に至るまで、広範な実験に基づく成果をあげた。ゲシュタルト学派は、チンパンジーに洞察ができることを示したケーラー、新しい情報を産み出す生産的思考の研究を残したヴェルトハイマー、グループダイナミクスの創始者の一人レヴィン、その他多くの研究者を輩出している。

なお、ゲシュタルト心理学の一端は、ブレンターノからオーストリアの哲学者エーレンフェルスなどに至る機能主義の思想を受け継ぎ、その一方で二〇世紀半ば以降の思考と問題解決に関する認知科学の研究に多大な影響を与えた。この経緯は、認知科学がゼロから生まれたのではなく、長い歴史の土壌の中から芽を吹いた知的探究であることを物語っている。

一元論と二元論

心と体は一つなのかそれとも別々のものかという問題もまた、古来多くの碩学によって彫琢《ちょうたく》されてきた。ともに一七世紀に現れたデカルトの心身二元論とオランダの哲学者スピノザの一元論は、そのなかでもよく知られた例である。

長い年月が過ぎて、現代の関心は、心と脳の関係をできるだけ科学的に解明することに移っている。また、その中で身体をどう位置づけるかに移っている。ただ、心の研究を重視する人たちは、脳の研究をしたところで心はわからないと考えていることが多く、脳の研究を重視する人々は、脳がわかれば心がわかると思っていることが多い。

この本の立場はこのどちらでもない。心のはたらきが脳のはたらきによって現れることは認める。したがって、心を理解するには脳の研究を進めることが不可欠である。しかし、脳の研究がいくら進んだとしても、心のはたらきを十分に説明することは困難である。なぜなら、簡単に見える心のはたらきでも、それを脳の機能の用語だけで説明しようとすると途方もなく複雑になり、とても説明し切れないからである。

一元論と二元論の論争はさておいて、心のはたらきと脳のはたらきの研究を並行して進めるとともに、これらの研究の間の連携を常に着実に取り続けていくことが、心と脳の関係を科学的に探究するための、おそらく最も良い方法である。

経験主義と合理主義

人間は生理的早産の動物であると述べたのは、二〇世紀前半に活躍したスイスの動物学者ポルトマンであった。赤ちゃんライオンは生まれて間もなく自分で歩き、出会ったこともない環境で他のライオンとコミュニケーションを取ることができる。ところが人間の赤ちゃんはそうはいかない。運動、記憶、思考の機能など、多くの機能が発達するには長い期間を必要とする。このため、あたかも赤ちゃんは白紙で生まれ、周囲との相互作用によって初めて心のはたらきが身につくようにみえる。

一七世紀以降、ロック、ホッブズ、バークレー、ヒューム、ジョン・ステュワート・ミルといった、とくに英国を中心とする多くの哲学者が、知識は知覚的な経験を通じて得られると考えた。経験主義と呼ばれるこの思想は、遠くアリストテレスなどに源流をもち、その後に生まれた心理学や人類学などの諸学問において、知識やスキルは環境との相互作用を通して身につくとする考え方の基盤をなしてきた。

心のはたらきの経験主義的な見方について、別のよく知られた例もあげておこう。二〇世紀前半に活躍したヴィゴツキーやルリヤら、ソビエトの心理学者たちは、子どもの心が生活環境の中で他者や社会との相互作用を通して発達すると考えた。また、同時代のピアジェ（ヴィゴツキーと同じ一八九六年生まれ）は、心の発達は、子どもが外界の情報を再構成するための図式（シェマ）を獲得し、外界との相互作用をもとにしてさらに新しい図式を段階的に身につけていくことによるとする、発達段階のモデルを提唱した。彼らの考え方はともに経験主義が土台になっている。ただし、ピアジェの発達段階モデルは、外界との相互作用のありかたにかかわらず、どんな子どもでも同じ発達段階を経るとしている点で合理主義的な面もある。

なお、右にあげたソビエト心理学は、その後社会や文化と心の関係を重視する社会構成主義的な学習観の形成に大きな影響を与え(第7章、第10章)、ピアジェらの発達段階モデルは、発達が情報処理のしくみの変化だと考える新ピアジェ学派(第7章)の研究を産み出していく。

右のような考え方に対して、知識は生まれながらにして人間に備わっているとする合理主義の思想も、象徴的にはプラトン以来、一七世紀以降に限ってみてもライプニッツ、デカルト、スピノザなど、多くの哲学者によって擁護されてきた。現代の認知科学に大きな影響を与えた合理主義の考え方として、たとえば米国の言語学者チョムスキーによる、言語を使うための潜在的な心の構造と機能(言語能力)は他の能力とは独立の、生物としての人間に備わった生得的なものだという考え方がある。健常な人間であれば誰でも、外から教えられる経験が足りなくても、言語を使うための心のはたらきを発達させることができる。ことばのはたらきは心の他の機能とは独立であるという考え方は、チョムスキー学派の方法論の基礎となっている。

実際には、心のはたらきの発達過程には、極端な経験主義も極端な合理主義もあてはめることはできない。人間は遺伝的因子をもって生まれるが、その一方で外界との相互作用が心の発達に大きな影響を与える。人間の例ではないが、たとえば、二〇世紀の前半から先駆的な研究を続けたオーストリアの動物生態学者ローレンツは、ハイイロガンの親子などの観察によって刷り込みの現象を発見した。この現象は、雛が親鳥や人間を「追いかける」こと自体は遺伝的と考えられるが、誰の後を追いかけるようになるかは初めて出会った相手によるという点で環境の要因が重要になること、つまり発達が遺伝と環境の両方に依存することを端的に示した。ローレンツは、オランダのティンバーゲン、オーストリアのフォン・フリッシュとともに、動物行動学の研究によって一九七三年にノーベル賞を受賞している。

情報科学と心の探究

三千年近くをかけて彫琢されてきた心の探究に新しい光を当てるには、三千年もの間まったくなかった新しい方法論が必要になる。認知科学は、こうした方法論として情報の概念と情報科学の方法論を導入した。近代物理学のような物質とエネルギーの科学が一七世紀以来数百年にわたって経験を積んできたのに対して、情報科学が確立したのはまだ一世紀もたっていない一九三〇年代から四〇年代にかけてのことであった。

情報の概念については第2章のコラム1に述べた。また、情報科学の基礎的な方法論については、記号表現モデルの基礎を創ったチューリングマシン、アナログ表現モデルと制御のモデルの基礎を与えたサイバネティクス、雑音や外乱のもとでの情報伝達についてモデルの基盤を提供した情報理論を代表例としてあげ、本章末のコラム3で簡単に解説した。

情報の概念や情報科学の基礎的な方法論が心の探究に与えたインパクトはたくさんある。第一に、今日に至る心や脳のはたらきの解明に役立つ概念や用語の多くを与えたことである。知覚、運動、感情、記憶、思考、その他いろいろな機能の説明に、情報科学が提供した概念や用語は、なくてはならないものになった。第二に、実験や観察の方法はもちろん、モデルや理論をつくるための数多くの方法を提供したことである。第三に、心の探究の研究者の考え方自体に情報の概念を刷り込んだことである。研究者自身が意識しているかどうかは別として、情報の考え方なしには心の探究ができないくらい、現在では情報の概念や用語、情報科学の方法論が浸透している。

それぞれ、テューリングマシン、サイバネティクス、情報理論を確立した、テューリング、ウィーナー、シャノンという三人の巨人だけでなく、多くの優れた研究者たちが、一九三〇年代から四〇年代にかけて、基礎と応用の両面から情報科学の勃興に貢献した。応用面では、とくに右の三人の成果は、それぞれコンピュータ工学、制御工学、通信工学の基礎となった。

その一方で、基礎科学としての情報科学の勃興がもたらした最大の貢献は、諸学問を貫く新しい概念と方法論を与えたこと、とくに心、脳、社会を総合的に理解するための基礎を提供したことにある。また、さきにも述べたように構造主義と機能主義を融合したことにある。

説明のレベル

情報の概念と情報科学の方法論は、二〇世紀の半ばから今日まで、心の探究への新しい概念や方法をいろいろな形で産み出す基礎になってきた。ここでは、その一つとして「説明のレベル」について述べよう。

茶色のネコがあなたの眼の前を左から右に歩いている。あなたの脳の視覚神経系は、ネコの形、色、運動、その他の視覚情報を処理している。あなたの心ではネコが歩いているのが見えている。脳と心のこのような関係を説明するには、神経細胞や神経伝達物質、あるいは神経回路などの神経細胞群によって、脳の情報処理がどのように行われているのかを説明することが必要である。しかし、これだけではどのような細胞群が活動しているのかがわかるだけで、ネコが「見えている」という心のはたらきを説明したことにはならない。

そこで、輪郭や奥行き、運動の方向、色の濃淡のような、多様な視覚情報の表現方法や視覚情報を処理する手続きのレベルでの説明も必要である。ところが、この説明は個々の視覚的特徴の処理の説明に過ぎず、あなたの視覚系は全体として一体何をしているのか、またなぜしているのかについては、第三の説明レベルが必要になる。

一九八二年、英国生まれの数理神経科学者マーは、視覚のはたらきについて、三つの説明レベルからなる説明の枠組みを発表した。マーの三つの説明レベルは、「物理的実装のレベル」(視覚情報がどんなハードウェアによってどのように処理されているとみなせるか)、「アルゴリズムと表現のレベル」(特定の視覚情報が「どのように」表現され、処理されているとみなせるか)、「計算論のレベル」(視覚系が全体として「何を」計算しているとみなせるか)と呼ばれ、右にネコの例を用いてあげた三つの説明レベルに基本的に対応している。とくに計算論のレベルについて、マーは、「視覚系は制約付き最適化問題を解いている」という明快な考え方を提唱した。

「見えている」という現象の不思議な点の一つは、三次元の対象、たとえば一匹のネコを見たときの視覚情報が網膜ではいったん二次元に縮退して情報量が減ってしまい、三次元に戻そうと思うと無限にたくさんのネコの可能性が出てきてしまうはずなのに、実際には一匹の三次元のネコに復元されて見えることである。二次元の壁に映ったネコの影からもとの三次元のネコの形を推定しようとすると無限の可能性があるのと同じことで、何も条件がなければもとのネコの形は無限に考えられてしまう。

このパラドックスを説明するのに、ネコが動いて場所が少し変わっても動く速度は滑らかにしか変わらないという制約条件のもとで、ネコに反射する光のエネルギー分布の時間的な変化が最小になる(つまり、動きは時間的にも滑らかに変わる)ようなネコの動きのパターンを見つける、という問題を視覚系が解いていると考える。これが、マーによる計算論レベルの説明の概略である。

マーとちょうど同じころ、人工知能の分野でリーダーの一人だった米国のコンピュータ科学者ニューウェルが、コンピュータシステムについての講演の中で、情報処理システムを説明するには、プロセッサやメモリとそれらの間の関係によってシステムの挙動を説明する「物理レベル」、プログラムやデータ構造のレベルでシステムの挙動を説明する「記号レベル」、および知識や目標や行為とその間の関係が定義された要素システム(情報エージェント)の相互作用によってシステムの挙動を説明する「知識レベル」の、少なくとも三つのレベルが必要であると論じた。ニューウェルの三つの説明レベルは、おおまかに言えば、記号処理の面から見た心のはたらきに通じるところがある。

右に述べた説明のレベルの考え方は、心のあらゆるはたらきに適用できるわけではなく、その点で批判もある。しかし、情報科学の勃興から半世紀を経て、三千年近くにわたる心の探究の中で、初めてこのような考え方が現れたことは特筆に値する。

情報の表現

情報科学の勃興を受け、心や脳を情報処理システムとみなす考え方が浸透するにつれて、心と脳の研究が直面した問題の一つは、心や脳のシステムが扱う情報をどう表現すればよいかという情報表現の問題である。

情報は、いろいろな形で表現できる。文字、音声、音、絵、図、表、写真、映像、数式、その他いろいろな形式がある。表現とは、単に個別的なイメージを指すわけではない。たとえば、「犬」を心の中に思い浮かべてほしいと言われたら、どんなイメージが思い浮かぶだろうか。自分の可愛がっているポチか、標準的な犬の姿か、犬小屋か、それとも「犬」という漢字だろうか。こうした個別のイメージは、ここでいう情報の「表現」(representation)とは異なる。

認知科学でいう表現とは、心や脳の情報処理システムで扱われる情報を表現する体系的な方法のことで、日本語や外国語による専門用語の体系、意味を表す記号の集まり、十進数、二進数、方程式、立体の集まり、点と線からなるネットワーク、電圧や反応速度のようなデータの時系列形式などを指している。

表現を記述する方法としては、「リンゴ」、「apple」のような記号を用いた情報表現（記号表現）と数値による表現（アナログ表現）を区別して使うことが多い。また、情報をひとかたまりの記号によって表現する記号表現に対して、多数の要素からなる分散表現の形で表現することも多い。たとえば、「リンゴ」を二進数のベクトルを用いて「0101100010111001」などと表すような表現法は、分散表現の例である。こうしたいろいろな表現法を用いた心や脳の情報処理モデルの例については第Ⅱ部に譲ろう。

マーは、情報の表現とは「情報の内容や種類を明示的に示すための、情報の表現方法を含む形式的システム」であると定義し、視覚情報の表現として、たとえば一般化円筒（円筒の軸を直線から曲線に、断面を円から一般の図形に一般化した立体）の集まりを用いる方法を提唱した。画家のセザンヌが円筒、球、円錐などの立体の集まりによって絵画の構造を決める表現方法を考えたといわれるが、マーの提案はこのことを思い出させる。個別の絵ではなく、絵画の情報の体系的な表現方法を含む形式的な枠組みのことを（絵画）情報の表現と呼ぶのである。

モノの表現でなく意味の表現法としては、対象の属性、因果関係、目標—手段の関係、全体—部分の関係、例示などを、あらかじめ定義された記号の集まりによって表現する方法がよく使われている。

心や脳の中で処理される個別の情報は、右にあげたような表現方法による表現の「例」という位置づけになる。たとえば、「自分の犬のポチ」のイメージやセザンヌの絵を見ているときの視覚情報は、イメージや視覚情報についての表現の例になる。犬に咬まれた経験があるので犬がこわいという個別の情報は、因果関係を用いた表現の例という位置づけになる。

心のはたらきをどう表現するか

心や脳のはたらきを解明するのに、外部からの観察や実験だけでなく、心や脳の内的なはたらきを考えたほうが生産的であることがわかってきたのは、一九二〇年代から三〇年代にかけてのことであった。その後、こうした方向の革新的な研究を、右に述べた情報表現への関心が後押しすることになる。

たとえば英国の心理学者バートレットは、社会生活を通して得た知識が記憶の想起に影響することを一九三〇年代の初めに主張し、記憶再生に影響を与える知識の枠組みを意味する「図式」（スキーマ）や、職業などの社会的特性の標準を意味する「典型」（ステレオタイプ）の概念を提唱した。一九三五年に米国の心理学者ストループが発表したストループ効果（他の研究者がそれ以前にすでに結果を出していたという見方もある）は、対象の特徴の処理が外からは見えない記憶情報の処理によって妨げられることを示唆する現象であり、第2章にあげた、青色の「赤」という漢字を「あお」と読むときに反応が遅くなる現象は、とくにカラーストループ効果と呼ばれる。また、行動主義心理学の主導者の一人だった米国の心理学者トールマンが、動物や人間が空間環境の視覚イメージ（認知地図と呼ばれる）を心の中につくりあげ、記憶に保持するという仮説を提唱した。

他にも多くの例があるが、二〇世紀前半のこうした研究が、外からは観察できない心のはたらきを解明する認知科学のさきがけとなり、心の中の情報をどう表現するかという問題を研究の前面に引きずり出すことになった。そして、情報表現の方法を重視した心の情報処理モデルの探究を進める素地がつくられていったのである。

コラム３　情報科学のインパクト――テューリング・ウィーナー・シャノン

情報科学の基礎的な方法論をイメージするために、情報科学勃興の基礎を担い、しかも認知科学の誕生に大きなインパクトを与えた三つの成果について、簡単に解説しておこう。

テューリングマシン　英国の数学者テューリングがテューリングマシンと呼ばれる計算機械のモデルの論文を書いたのは、一九三六年のことである。（同じ内容をもつ研究が同じころに他の研究者からも発表されている。）基本的なテューリングマシンは、記号の並んだ列（たとえば日本語の文）が書かれている無限に伸びた一本のテープと、内部状態（有限個の可能性のうち一度に一つの状態を取る）をもって左右にひとコマ（記号一つぶん）ずつ移動できる一個のヘッド（記号を読み取り、書き換える装置）をもつ、記号処理のモデルである。テューリングマシンは、与えられた規則にしたがってヘッドがテープの記号を読み取って書き換え、同時にヘッドの内部状態を別の状態に置き換えて、左か右にひとコマ動く。この一連の動作を繰り返して、状態がある特別の状態になったら停止する。

この情報処理モデルは、単純であるにもかかわらず、今日に至る「あらゆる」コンピュータプログラムが行う「どんな」数値計算や記号処理（数値計算も数値を記号とみれば記号処理の一種なのですべてを記号処理と考えてよい）についても、そのプログラムへの入力と同じ入力に対して同じ結果を出力することができる。

テューリングマシンの貢献の一つは、言語や思考のはたらきが記号処理として理解できるならばそのはたらきは必ずテューリングマシンによって説明できる、ということを示した点にある。

たとえば、「私は学生です。」を“I am a student.”と翻訳する心のはたらきを説明するのに、心を記号処理システムとみなし、「私は学生です。」という記号の列が心のシステムに入力されたときに“I am a student.”という記号列が出力されるには、心の記号処理モデルがどんなテューリングマシンであればよいか、という問いの立て方をすることが可能になった。しかも、そのモデルからどんなはたらきが生じるかを、シミュレーションによって推測することが可能になったのである。

もっと一般的に言えば、内部状態(有限個の可能性のうち一度に一つの状態を取る)をもち、入力情報と現在の内部状態に依存して新しい内部状態が決まるような情報処理システムを有限状態オートマトン(有限状態機械)、ないし「有限オートマトン」と呼ぶ。テューリングマシンは最も高い記号処理能力をもつ有限オートマトンの一種である。オートマトンという記号処理モデルが確立されたことで、言語や思考のはたらきをいろいろな種類のオートマトンとして定義し、比較することができるようになったのである。

テューリングは数理生物学などの研究も行い、戦時中には暗号解読にも携わったが、一九五四年に四一歳で亡くなっている。

サイバネティクス　テューリングマシンのような記号処理モデルは記号として表現された情報を処理するモデルであるが、米国の数学者ウィーナーは、数値で表現されたアナログ情報を処理する通信と制御の情報処理モデルを一九四〇年代に提唱した。彼は、制御理論や確率過程論の研究を通して、動物と機械の通信や制御には共通の情報処理のしくみがあることを見抜き、同僚たちとともに理論的、実験的研究を重ねて、サイバネティクス(もともとはギリシャ語で「舵取り」という意味)と呼ぶ研究領域を提唱した。

サイバネティクスの中心となっている情報処理のしくみは、フィードバックシステムである。たとえば、手を伸ばして目標の目印に触れる運動は、何度か行き過ぎたり届かなかったりしているうちに正確になっていく。この学習のはたらきは、簡単に言えば次のようなフィードバックシステムのモデルを用いて説明できる。

自分の体と目印を通ってまっすぐ伸びる(原点を目印の位置に取った)直線のうえで動く手の運動学習の情報処理システムを考える。眼をつむって手を伸ばし、実際に手が触れた位置をシステムの出力とする。また、その出力をシステムの入力側に戻し(フィードバックし)、手が触れた位置と与えられた目印の位置(目標値)の差を数えて、システムへの入力とする。

システムは、入力がゼロより小さかったら(手の触れた位置が目印より手前だったら)出力(手の触れる位置)を入力の絶対値に比例して大きく(先のほうに)し、入力がゼロより大きかったら(手の触れた位置が目印より向こうだったら)出力を入力の絶対値に比例して小さく(少し手前のほうに)する。これを繰り返すと入力がゼロ(手の触れた位置と目印の位置が同じ)になり、そのときには出力もゼロ(手が目印に触れること)になる。

このような情報処理モデルをフィードバックモデルという。右の例のようにフィードバックされた出力値と目標値の「差」を入力するシステムはネガティブ(負の)フィードバックシステム、出力値と目標値の「和」を入力するシステムはポジティブ(正の)フィードバックシステムと呼ばれる。

もちろん右は仮想的な例で、実際の運動は、関節のような自由度の高い要素をたくさん含んだ複雑な情報処理システムが、外界のいろいろな変化(外乱)に対応して適応的に動くことによって行われる。

サイバネティクスは、ネガティブフィードバックモデルを中心とした考え方で貫かれている。とくに、動物でも機械でも、通信や制御のしくみは、目標値と出力値の差がシステムに入力され、システムの情報処理のしくみが適切なものならば、入力の値が段々とゼロに近づいていき、その結果出力値が目標値と同じ値になっていく。しかも、システムが安定を保つことのできる許容範囲を考えて設計されていれば、何かが起こって再び目標値と出力値が違ってしまっても、安定性が保たれるように、目標値と出力値の差はまたゼロに近づいていく。たとえば、飛行機や制震構造の建物は、安定性を保つフィードバックシステムを内蔵している。

フィードバックモデルそのものは、ウィーナーよりもずっと昔から、心や脳の探究のなかで用いられてきた。とくに、フィードバックシステムは自分で目標を維持したり目標達成に向かうようにふるまうため、心や脳の合目的的なはたらきを説明するのによく使われてきた。フィードバックモデルが身体のはたらきの説明に使われた例としては、さきにあげたシェリントンの筋反射運動や、米国の生理学者キャノンが二〇世紀前半に提唱したホメオスタシス（環境が変わっても体温や血圧などの生理的状態を自動調節するはたらき）などがある。ウィーナーらのサイバネティクスは、確率的な環境の数理的なモデルを導入して、確率的に外乱にさらされるシステムの挙動を厳密にモデル化し、そのモデルによって動物の神経系のいろいろなはたらきを上手に説明した。

この本でもそこかしこで触れるが、ウィーナー以後も、運動学習のモデル、神経伝達物質の量の増減によって心の状態が変わるような現象（たとえば不安障害など）のモデル、その他多くの心のはたらきの説明に、サイバネティクスの蒔いた種が用いられている。

ウィーナーは小さいころから天才といわれ、一八歳でハーバード大学の博士号を取得、確率過程などの研究に大きな貢献をした人である。

情報理論　情報理論は、米国の工学者シャノンが一九四八年に提唱した、情報の伝達に関する理論である。シャノンは、特定の情報を知っているかどうか、あるいは情報が正しく伝達されるかどうかは確率的に決まると考え、情報理論の研究を進めた。

たとえば、天気には晴れ、雨、曇り、雪の四種類があるとしよう。あなたは今日のニューヨークの天気がそのいずれかであることを知っている。あなたが晴れだと知っていることを私がわかっていれば、その情報が正しい確率は、私にとってp(晴れ)=1、p(雨)=p(曇り)=p(雪)=0である。また、あなたの心の中がわからなければ、私から見ると、どの天気の確率も1/4(p(晴れ)=p(雨)=p(曇り)=p(雪)=1/4)であるとしか言えない。

これをもとにして、$S=-\sum_{i=1}^{n} p_i \ln p_i$という式を考える(ln は底を2とする対数)。右の例についてこの式を計算すると、あなたの知っている情報を私が知っている場合は$S=0$、まったく知らない場合は$S=2$になる。

Sの値は、あなたが私にニューヨークの天気を教えてくれる、その情報の量に対応する。シャノンはSを情報エントロピー、ないし「情報量」と呼び、単位をビットと名づけた。あなたの心の中を私がまったく知らないとき、あなたの持っているニューヨークの天気の情報量は私にとって2ビットで、天気を教えてくれれば私の情報量は2ビット増える。また、すでに知っていれば0ビット、つまり教えられても情報量は増えない。シャノンが提唱した情報理論の全貌はもっと複雑だが、その骨子は右にあげたようなことである。

心の探究に戻っていえば、多くの心のはたらきには、不確定な状況のもとでどのくらいの量の情報がどのようにして伝達されるかという問題が、必ずと言ってよいほど絡んでくる。たとえば、シャノンの情報量の定義をもとに推測すると、心の中で処理される多様な情報の中で圧倒的に情報量の多いのは視覚情報である。処理される情報量の多さと神経部位の大きさが比例するとはかぎらないが、大脳皮質の中で視覚神経系の占める大きさは他の機能に比べて際立って大きい。

シャノンは、論理回路からデータ伝送に至るまで、今日のコミュニケーション技術の理論的な基礎を築いた人である。研究者が意識していようといまいと、シャノンに始まる情報理論の考え方は認知科学に大きな影響を与えてきた。

第Ⅱ部　認知科学の歩み

熟達する人間

感動する人間

第Ⅰ部では、心のはたらきにかかわるいろいろな人間像や現象から始めて、心と脳のはたらき、心と社会との関係、そして現代の認知科学をもたらした心の探究の土壌や背景となる方法論の切り口に触れた。この第Ⅱ部では、認知科学が誕生した二〇世紀の半ばから近年に至るまで、認知科学が歩んできた時代の足跡をたどってみよう。新しい科学が創られてきた経緯に触れながら、第Ⅰ部に述べた人間像や現象のことをあらためて思い起こしてみてほしい。

第5章　誕　生——一九五〇年代の息吹き

長い伝統をもつ多くの学問に比べ、認知科学の歴史は短い。心理学、生理学、神経科学、言語学などの伝統的な分野が、一九三〇年代から四〇年代にかけて確立された情報の概念(コラム1)と情報科学の方法論(コラム3)をもとに合流し、心と脳のはたらきに関する新しい知的営みとしての認知科学を誕生させた。それは、今から半世紀余り前、一九五〇年代のことである。まずこの章では、認知科学誕生の時代の息吹きを感じてみることにしよう。

誕生前夜——一九四〇年代の胎動

脳の一部が損傷すると心がうまくはたらかなくなることは、一九世紀のころから蓄積されるようになった脳損傷のデータ(第4章でも触れた)をもとに、二〇世紀の前半にはすでによく知られるようになっていた。このことは、脳のどんな活動によってどのような心のはたらきが生まれるのかという、心と脳の関係を問うことにつながる。

この問いに対して、脳の中で多くの神経細胞がつながった神経回路に注目し、特定の回路が特定の心のはたらきを担っていると主張する研究が現れたのは、一九三〇年代の後半から四〇年代にかけてのことであった。

「ペーペッツの情動回路」、「ヤコブレフの情動回路」という名を今日まで留めている、二つの神経回路がある。前者は、米国の医学者ペーペッツが、ネコの脳を使った実験をもとに、感情のはたらきにかかわっていると主張した、大脳皮質と大脳辺縁系の境界にある帯状回や大脳辺縁系にある海馬などを巡る回路で、今ではむしろ記憶のはたらきに関係していると考えられている。後者は、大脳辺縁系の扁桃体や前頭葉の眼窩前頭皮質などを巡る神経回路で、感情のはたらきにかかわるとされている。

神経回路における複雑な情報処理を理解するには、神経系のモデルを考えるのが一つの良い方法である。実際、一九三〇年代から四〇年代にかけての情報科学の勃興を背景に、神経系の情報処理モデルの研究が生まれてきた。なかでも、一九四〇年代の初めに米国の神経科学者マカロックと数学者のピッツが発表した、神経細胞を線形のしきい値素子(入力情報の値の和がしきい値を超えると出力が出る素子)とみなす神経系のモデルは、特殊な構造をしているにもかかわらず、一九三〇年代に発表された記号処理の基本モデルであるテューリングマシン(コラム3)と同じ情報処理能力をもつことが証明され、その後長い間「神経回路網モデル」と呼ばれる脳の情報処理モデルの原型として用いられるようになった。

当時こうした脳のモデルが現れた背景には、一九三〇年代からオートマトンによる脳神経系のモデル化が研究者の話題になっていたこと、論理関数を組み合わせることによって何ができるかが数学的に注目されていたことなどがある。

ウィーナーを主導者として、サイバネティクスと呼ばれる、動物と機械に共通した情報処理の問題を扱う新しい研究分野が生まれたのも、一九四〇年代のことであった(コラム3)。ウィーナーのグループは、小脳の神経系によって運動のはたらきが制御されることを実験によって見出し、ネガティブフィードバックシステム(コラム3)としてモデル化できることを示した。実験とモデルを併用する方法論は、脳のはたらきのような複雑な問題を扱うのに適しており、彼らだけでなく多くの研究グループに広がっていく。

また、同じ一九四〇年代にシャノンによって提唱された情報理論(コラム3)も、まもなく心理学などに応用されるようになり、雑音の中から適切な情報を抽出し伝達する情報処理のための理論として、知覚、言語、コミュニケーションなどのはたらきの説明に広く利用されるようになった。

一九四六年から五三年にかけて、文系理系を問わず、当時の第一人者が集まって開かれた、メイシー会議という会合がある。メンバーには、座長のマカロックをはじめ、右にあげたウィーナーやピッツ、心理学のレヴィン、社会学のローゼンフェルト、人類学のマーガレット・ミード、精神医学者ベイトソンなどがおり、招待者の中には、シャノン、ゲシュタルト心理学のケーラー、社会心理学のフェスティンガー、数学者・物理学者フォン・ノイマンなど、そうそうたる各分野のリーダーがそろい、心と脳のはたらきを情報の概念と情報科学の方法論によって探究する道を熱心に語り合った。この会議が、一九五〇年代の半ばに認知科学が誕生するジャンプ台の一つになったのである。

行動主義を超えて

二〇世紀前半の実証的な心の探究をリードしていた考え方として、外から観察できる行動に着目し、外から観察できない概念は説明には使わないことを基本とする行動主義の方法論があった。これに対して、外からは見えない心の中まで立ち入って心のはたらきを説明しようとする動きが顕著になってきたのは、二〇世紀も半ばになるころのことであった。その背景には、右に述べたような情報科学の勃興がある。

たとえば、手を伸ばしたり、顔を動かしたりする簡単な行動でも、実はその中に筋肉や骨格のいろいろな動きが含まれていて、そういう動きが系列化されて一つのまとまった行動になる。しかも、小さな動きを系列化する心のはたらきは外から観察できない。このため、こうした心のはたらきを解明するには、脳のはたらきを解明する必要がある。このような主張を米国の主導的な神経心理学者だったラシュレーが述べたのは、一九四八年のことである。

別の例をあげよう。小さな子どもがお母さんと離ればなれになると、(二人とも)あわててあちこちを探しまわる。そのとき心の中には、まわりの場所のイメージ、つまり認知地図が思い浮かぶ。認知地図は心の中につくられる情報で、行動主義に基づく研究の対象にはなりにくい。ところが、一九四八年、さきにも触れた行動主義心理学者のトールマンが、認知地図が心の中につくられることを仮定すれば空間を探索する行動がよく説明できることを主張した。

また、行動主義によれば、同じ刺激に対して同じ反応を何度も繰り返す行動が学習の基礎になる。ところが、サルに簡単な課題を何度も解かせた後、それまで出題していなかった新しい課題を出すと、サルは一回で解いてしまう傾向があることが見出されるようになった。比較心理学者のハーローは、サルの心の中に「学習の構え」がつくられ、その構えを用いて一度で解いてしまうと考えて、一回学習のモデルを提唱している。

さらに、学習の際には脳の中で神経細胞の活動に変化が起こるとするモデルも提唱されるようになった。カナダの心理学者ヘッブが一九四〇年代の末に提唱した、一個の神経細胞の活動はその両端に結合している細胞が同時に活性化されるときに増強されるとするモデルは、今なお「ヘッブのシナプス」として知られている。

英国の哲学者クレイクが、一九四三年、脳の神経系は外界のモデルを内部に創り出す超並列の情報処理システムであると主張したことにも触れておこう。この考え方は、その後認知科学の研究が明らかにしてきたことと重なっており、これを一九四〇年代初頭という早い時期に提唱したことは驚嘆に値する。

外から観察できなくても、心や脳の中ではとても豊かで複雑な活動が行われている。しかもその探究への道がある。情報科学の勃興を背景に、このことを何人かの人々が共有するようになったことが、認知科学の誕生を後押しした。外から観察できる、刺激と反応の関係を基本とした行動主義の方法が、心の内面に踏み込む新しい方法論によって超えられようとしていた。

神経細胞から始めよう

脳の中の神経細胞一個はとても小さいが、そのはたらきを解き明かすことが心と脳の探究に大きな貢献をする場合がある。その先鞭をつけたのは、ヤリイカ(Atlantic squid)を使って情報が神経細胞を伝わるメカニズムを明らかにした、英国の生物物理学者ホジキンとハックスレーの研究であった。

彼らが提唱した活動電位(神経細胞が活動して電流が流れることによって生じる電位)やイオンチャンネル(細胞膜を通してイオン濃度の高い方から低い方へイオンが流れる経路)の概念(コラム2)、またこれらを簡潔に定式化したホジキン-ハックスレーの方程式は、神経細胞の中を情報が伝わるメカニズムの基礎概念として、今日まで世界中で使われてきた。彼らは一九六三年のノーベル賞を受賞している。

また、神経細胞の間にあるシナプス結合には、情報が伝わるときに活動電位が上がるようにはたらく興奮性結合と、下がるようにはたらく抑制性結合があることも、シェリントンの弟子でオーストラリアの神経科学者エックルスによって、一九五〇年代になって見出された。エックルスは、ホジキンらと同じ年の一九六三年にノーベル賞を受賞している。

脳の神経細胞の形や並び方は場所によって違うが、大脳皮質の神経細胞は小さな列(コラムという)が並んだ構造をしている傾向がある(コラム2)。このような構造が見出されたのも一九五〇年代のことで、神経生理学者のマウントキャッスルらが、ネコの大脳皮質の頭頂葉にある体性感覚野に直径〇・五ミリ、長さ二ミリほどのコラムの列を見出した。並んでいるコラムの位置によって少しずつ違った情報(この場合は触圧)に反応する「反応選択性」を神経細胞がもつことも示している。

大脳皮質の神経細胞の大きな特徴は、右にあげた反応選択性だけでなく、細胞の形やシナプス結合の特性が変化する「可塑性」をもつことである。一九五〇年代の後半、これら二つの特徴を巧妙な実験によって明らかにしたのが、カナダ出身の神経科学者ヒューーベルとスウェーデン出身の神経科学者ウィーゼルであった。彼らは、いろいろな角度の縞のパターンをネコの片眼に提示し、大脳皮質の一次視覚野にある神経細胞の活動電位を観察した。すると、パターンの角度が少しずつ変わるごとに少しずつ場所のずれた細胞群の活動電位が変化する、反応選択性があることがわかった。また彼らは、外部から受ける光の量が制限されたままで育つと視覚野の神経細胞が十分発達しなくなり、神経細胞群の構造が発達の過程で可塑的に変化することを発見した。ヒューーベルとウィーゼルは一九八一年にノーベル賞を受賞している。

右に述べてきたように、一九五〇年代には、外界からの入力情報は多数の神経細胞に分散して処理されること、また細胞群の構造が可塑的に変化することなど、脳神経系の特徴が情報処理の面から急速に明らかにされていった。

神経系とモデル

それと並行して、神経細胞群の特徴を説明する情報処理モデルもまた熱心に考察されるようになる。今日まで知られているモデルとして、一九五〇年代の末にコンピュータ科学者のローゼンブラットが提唱したパーセプトロンと呼ぶ神経系の情報処理モデルがある。パーセプトロンは神経回路網モデルの一種で、たくさんの事例の分類のしかたを学習し、学習の結果を用いて新しいパターンを自動的に識別できるようになる。いろいろな書き方をした手書きの郵便番号の事例を学習しておけば、新しく書かれた郵便番号の数字が何かを識別する。

こうして、一九五〇年代が終わるころには、脳神経科学の発展と情報科学の方法論の確立が交差するようになった。神経系のはたらきを情報処理の面から説明する研究法が急速に浮上してきたのである。

情報から記憶へ

情報の概念と情報科学の方法論は、神経科学だけでなく、心理学などの分野にも急速に浸透していった。一つのきっかけは、心理学者のミラーによって一九五六年に発表された記憶の研究である。ミラーは、さまざまな記憶情報を使った実験によって、一時的に記憶に保持できる情報の数には厳しい限界があり、だいたい七個プラスマイナス二個であると主張した。たしかに七という数は、「世界七不思議」のように、一度になんとか記憶できる情報の数ではある。

ここで情報の数というのは、意味をもった情報のかたまり（チャンクという）を一つと数えるときの、かたまりの数のことである。たとえば、ＢＲＡＩＮという五文字の列は（その意味が「脳」であることを知っている人にとっては）情報の一つのかたまりだが、知らない人にとってはＢ、Ｒ、Ａ、Ｉ、Ｎの五つのかたまりである。

ミラーの主張は、記憶の特徴を的確に言い当てただけでなく、「魔法の数七プラスマイナス二――情報を処理する人間の能力のある限界について」という論文の題名にあるように、情報処理の概念をはっきりと導入した点で、時代を先導するものであった。

もう一つ、時代を画した記憶の研究をあげておこう。英国の心理学者ブロードベントが一九五〇年代に提唱した作動記憶（第3章で触れた、一時的に情報を維持してそこでいろいろな処理を行う記憶のはたらきで、一九九〇年代に至るまで日本語では作業記憶と呼ばれていた）や注意の情報処理モデルは、今日に至るまで大きな影響を与えてきた。

彼は、聴覚に関する実験をもとに、外界からの入力のうち、注意のはたらきによって意味の情報処理がなされた情報だけがフィルターを通り、作動記憶のはたらきによってさらに記憶情報としての処理がなされ、その出力情報が長期記憶（長い時間にわたって情報を保持する記憶のはたらき)に転送されると考えた。彼のフィルター理論によれば、騒音の中で自分の名前が呼ばれたとき、ほとんどの音は意味の処理がされず、フィルターされてしまって作動記憶の処理までいかないが、自分の名前はフィルターを通って作動記憶に到達する。

記憶の研究は一九五〇年代に始まったわけではない。たとえばすでに一九世紀の後半には、ドイツの心理学者エビングハウスによって、一時的に情報が保持される記憶のはたらき(短期記憶)と右にあげた長期記憶の違いが実験的に確かめられている。前にも述べたように、記憶障害の症状を記述することも、すでに一九世紀から行われてきた。

そうした中で、HMと呼ばれる記憶障害患者の症例が、米国の外科医スコヴィルと英国生まれでヘッブに学んだ神経科学者ミルナーによって報告されたのも、一九五〇年代のことである。HMは、てんかん手術の成功と引き換えに大脳辺縁系の海馬や扁桃体の大部分を切除されており、新しい情報を一時的に覚えたり処理することはできるが、その情報をその後は思い出すことができない(順行性健忘)。つまり、作動記憶(あるいは短期記憶)と長期記憶のはたらきは、基本的には別個のものと考えられる。

ミルナーはその後もHMの行動を観察し、一九六〇年代の初めには、HMが、自分が図形を描いているところが鏡に映っているのを見ながら複雑な図形を描くことができるようになるのを見出した。つまり、HMの健忘症は、図形を描くやり方の手続き的記憶にはあまり影響を与えていないのである。

先年亡くなったＨＭの症例は、ミルナーの研究とともに一般にも知られるようになったが、もちろんほかにも多くの記憶障害の症例が現在に至るまで蓄積されてきている。こうしたデータから得られるのは、作動記憶、手続き的記憶、エピソード記憶などに脳の違った神経部位がかかわっていること、したがって、記憶にはいろいろな種類があるということである。

思考の研究と心の自由

思考は外から見えにくい心のはたらきの一つであり、外部からの観察だけに重きを置いた研究法ではなかなか理解が進まない。このため、心の内面をモデル化する情報処理の方法論が現れたことによって思考の研究が急速に発展したのは、むしろごく自然なことだったといえるだろう。

そのきっかけの一つは、教育の分野に多大な貢献をした米国の心理学者ブルーナーが、同僚とともに一九五〇年代に行った、思考の実験的研究であった。彼らは、トランプのようなカードを使い、いろいろなカードを示してその中に潜む規則性を発見させる、概念形成と呼ばれる実験を行った。その結果、人は規則性を必ずしも論理的に厳密な思考によって見つけるのではなく、蓋然的な思考（発見的思考と呼ばれる）によって見つける傾向があることを見出した。また、外から見れば同じ行動を取っているように見えても、規則性を見つけるための思考の方法（思考方略という）に違う場合があることを発見した。

人は、外から見るとまったく同じように見える行動を、心の中で別の思考方略を使って産み出すことができる。その意味で、心の中には自由がある。このことを初めて示したブルーナーらの研究以降、今日に至るまで、思考のはたらきの研究はたくさんの成果を生み出してゆく。とくに、これらの研究は、与えられた問題が同じでもそれを解くために心の中でいろいろ違った思考の方略を創り出せること、また、そうした思考の方略自体を経験を通して学習できることなどを明らかにしてきた。これらは、人間の本質の一つである「思考の自由」の核心に迫る知見であった。

社会と環境

心のはたらきにかかわる現象は、個人の心だけから生じるわけではない。むしろ、複数の人間同士の社会的な相互作用のなかに、興味深い現象がたくさんある。現在もなお語り継がれる有名な研究者の例をあげれば、ゲシュタルト心理学の影響を受けて社会的相互作用のネットワークモデルを提唱したオーストリアの心理学者ハイダー、認知的不協和の理論(人は自分の心と現実の状況との矛盾(不協和)を解消するように心のはたらきを変化させる傾向がある)や帰属理論(人は何かが起こるとその原因を自分に関心のあることに帰属させる傾向がある)を提唱した米国の社会心理学者フェスティンガーなどがいる。彼らは、その後認知社会心理学と呼ばれるようになる、心のはたらきの面から社会的な現象をとらえる新しい分野のさきがけとなった。

人と社会の関係を心のはたらきの面から明らかにする研究と並行して、人間と環境の相互作用のもとで起こる心のはたらきについても多くの研究が行われてきた。たとえば、ハンガリー生まれの心理学者ブランズウィックは、ウィーンでトールマンに出会ったことがきっかけで米国にわたり、人間が環境に適応する過程を調べることが心理学の主要なテーマであることを、一九四〇年代から五〇年代にかけて主張している。

ブランズウィックの主張は、二〇世紀後半になって認知科学に取り入れられた生態学的心理学の下地にもなった。心のはたらきは人間と環境の相互作用のもとで成り立つと考えて初めて妥当性をもつとする考え方を生態学的妥当性(ecological validity)という。ブランズウィックはこの考え方を早くから主張した一人に数えられる。

言語理論の勃興

情報科学の方法論が確立されてきたことは、神経科学や心理学だけでなく、言語学に対しても大きな節目の時期を与えることになった。情報科学の厳密な方法論をいち早く身につけた米国の言語学者チョムスキーが、それまでの言語学における理論とは一線を画する、文法についての新しい理論を、一九五六年に提唱したからである。

彼がその翌年に出版した『統語構造』と題する書物(文法を語の並びなど文の構造を統率するはたらきから見るときには統語(syntax)といい、文を生成する規則から見るときには文法(grammar)という)は、その後言語学はもちろん認知科学全体に大きな影響を与えてきた。

人間の心のはたらきとしての言語には、いくつかの重要な特徴がある。たとえば、文法に合致した文とそうでない文を必ず区別できる「言語の文法性」、文法に合致したどんな長い複雑な文でも無限に産み出すことのできる「言語の創造性」、言語圏や文化圏を問わず誰にでも備わっていると考えられる、言語のはたらきのもとになる「言語能力」などがそれである。チョムスキーは、こうした特性を、文法の構造を表現する新しいモデルによって提示し、とくに、提唱した統語理論がオートマトン(コラム3)の情報処理能力に関する階層構造と同じ構造をもつことを証明して、心のはたらきとしての文法の構造に明確な位置づけを与えたのである。

チョムスキーの提唱した統語理論による文法は、与えられた有限個の書き換え規則から文法に合致した(あらゆる)文が生成されるという意味で生成文法と呼ばれる。生成文法は、その後さまざまな改訂を経ながら、言語学だけでなく心理学や工学など、多くの分野に影響を与え、今日に至っている。

思考のシミュレーション

心のはたらきを情報科学の方法論によって解明できるという気運は、当時やっと出回り始めたばかりの情報処理機械、つまりコンピュータによって、心のはたらきをシミュレーションできるかどうかという議論にもつながっていった。

こうした空気の中で、心のはたらきのコンピュータシミュレーションの可能性を議論する会議が、米国のダートマス大学で約一カ月にわたって開かれたのは、一九五六年夏のことである。

この会合には、その後情報の表現の問題に大きな貢献をしたコンピュータ科学者のミンスキーをはじめ、当時のコンピュータ科学や心の情報処理の代表的な研究者が結集して、心と機械の知的機能について、思考や言語のはたらきを中心とした議論が交わされた。

ダートマス会議と呼ばれるようになったこの会議の最大の貢献は、コンピュータが単なる数値演算機械ではなく記号を処理する機械であり、したがって記憶、思考、言語などのはたらきを記号表現モデルによって説明する研究に適していることを、当時の先端的な研究者たちが共有したことにある。誰がこの新しい分野の名づけ親になるか、会議の中で激論があり、反対を唱える出席者もいるなかで、会議を主宰した数学者のマッカーシーが提案した artificial intelligence（人工知能）という名前が採用された。これから伸びる分野の名づけ親になることを誰もが願った、良き時代だったのである。

ダートマス会議の中で発表された思考のシミュレーションのプログラムに、コンピュータ科学者のニューウェルと意思決定の研究をしてきたサイモン、それにコンピュータ技術者だったショウが設計したLT（ロジック・セオリスト）があった。このプログラムは、一九五五年の末から五六年にかけて、ラッセルとホワイトヘッドの『プリンキピア・マテマティカ』に記載されている形式論理学の定理を、人間が証明するような手順によって証明することに成功している。これは、コンピュータによって人の思考のはたらきを模擬した世界で初めての成果であった。サイモンは、ニューウェルと共同で問題解決や意思決定のはたらきに関する情報処理モデルの研究を進め、経済組織における意思決定の研究によって一九七八年にノーベル経済学賞を受賞している。

ブルーナーらによる思考の方略、チョムスキーによる言語の理論、ニューウェル、サイモンらによる思考のコンピュータシミュレーションモデルなどが公表されたのは、どれも一九五六年のことである。さきに触れた、記憶に関するミラーの論文が発表されたのも同じ年のことであった。

認知科学の誕生

また、右には触れなかったが、信号検出理論(雑多なものが混在している中から確率的に最も妥当な情報を抽出する方法の理論)を米国のタナーらが初めて知覚のはたらきに応用したのも、言語が思考を規定するというサピア-ウォーフの仮説(第6章)で知られるウォーフの業績がまとまった形で世に出たのも、さらに、人類学者のグッドイナフやラウンズベリーが形式言語学の方法を親族関係の構造分析に持ち込んで認知人類学のさきがけとなったのも、一九五六年のことであった。

この年に、三千年近くにわたる心の探究を土壌として、情報の概念をもとにした新しい成果が相次いで現れ、今日に続く新たな時代の幕が上がった。認知科学の誕生であった。

第6章　形　成——一九六〇年代の潮流

幕が上がったとはいっても、一九五〇年代の認知科学は、まだ世界のごく一部の先端的な研究グループに断片的に誕生しただけであった。「認知科学」ということばもなかった。それが一九六〇年代になると、機械文明から情報文明に移行する世界的な時代精神の変化を背景に、いくつかの成果が並行して生まれ、新しい知的営みが形成される熱気が徐々に広がっていく。

ベルンシュタインの問題

心と身体をつなぐ運動のはたらきは、毎日の生活になくてはならない大切な心のはたらきである。この重要な問題について、ロシアの神経生理学者ベルンシュタインが先駆的な研究を行ったのは、二〇世紀の前半のことであった。しかし、それが西側世界に大きな影響を及ぼすようになったのは、一九六〇年代の後半になって英訳が進められてからのことになる。

私たちの体にはたくさんの筋肉や関節があり、しかもそれぞれが動ける方向はいくつもある。お互いにつながった部分は動く方向がある程度制限されるが、それでも全体としては筋肉や骨格の動ける自由度はたいへん大きい。ところが、筋肉や関節がバラバラに動いてしまうことはなく、私たちの体の動きは、戸惑うこともほとんどなくただ一つに決まってしまう。この問題は「ベルンシュタインの問題」と呼ばれる。

ベルンシュタインの使った典型的な例は、ハンマーで釘を打つときの運動である。ハンマーで釘を打つ体の動きはいろいろ考えられるが、実際にはほとんど意識せずに一つに決まってしまう。彼の答は、運動と視覚のはたらきが協調することによって運動のしかたが一つに決まるということであった。このことは、視覚が、情報を受け取って処理するだけの受け身のはたらきではなく、釘の位置を瞬時に探すような能動的なはたらきをしているということである。

このような知覚のはたらきは能動的知覚と呼ばれ、視覚の情報を運動の制御にフィードバックするモデルが多くの研究者によって考えられるようになった。また、能動的知覚の概念は、さきに触れたブランズウィックによる人間と環境の相互作用などとともに、一九六〇年代から七〇年代にかけて米国の心理学者ギブソンが提唱した心のはたらきへの生態学的アプローチに継承されていく。

なお、一九六〇年代から七〇年代にかけては、サイバネティクス(コラム3)の考え方が急速に普及した時期でもある。この当時、多くの神経科学者や情報科学者が、脳のはたらきをフィードバックシステムなどのモデルによって説明するようになった。とくに、調節、安定化、適応、自己組織化といった、生命体にとって大切なはたらきを脳の情報処理モデルによって説明しようとする動きが活発になる。

計算論的神経科学への道

神経系のはたらきは、架空の神経回路網ではなく、現実の解剖学的な構造のもとで生じる。したがって、解剖学的な構造にまで立ち入ってモデルを考えることが大切である。一九六〇年代には、こうした考え方に沿った情報処理モデルが提唱される時代がやって来た。その代表的なものとして、マーが一九六九年に提唱した、小脳の運動学習のパーセプトロンモデルがある(パーセプトロンについては前章)。

たとえば、眼の前に片方の人差し指を立て、その指を見つめたまま顔を左右に動かすと、顔が動いても眼はそのまま指に向いている。この反射行動は、簡単に見えるが、神経系のはたらきとして考えると、視覚と運動のはたらきが協調して起こる、かなり複雑な行動である。

小脳にはペルキンエ細胞と呼ばれる大きな神経細胞があり、平行線維(大脳皮質から脳幹の橋《きょう》を経た神経経路にある顆粒細胞の軸索)というたくさんの神経線維(神経細胞の軸索のこと)がシナプス結合している。また、ペルキンエ細胞には、登上線維(脳幹の延髄にある下オリーブ核の細胞の軸索)という一本の神経線維もつながっている。マーは、パーセプトロンを応用して、眼の前の指を見続ける行動が学習されるのは、ペルキンエ細胞と平行線維の間のシナプス結合における情報伝達が、登上線維からペルキンエ細胞に入力される情報によって増強されるからだという仮説を提唱した。

この仮説に対して、一九七〇年代の初めには、ロボット工学者のアルバスが、シナプス結合の情報伝達が増強されるのではなく、抑制されるという仮説に立ったモデルを提案している。その後、神経科学者の伊藤正男らが、アルバスの仮説を生理学的な実験によって検証し、小脳の機能を明らかにしただけでなく、情報処理モデルによる仮説を実験によって検証する、神経科学における新しい研究方法の開拓に大きな貢献を果たした。

小脳にかぎらず、脳神経系のいろいろなはたらきについて、このころから多くの情報処理モデルが提唱されるようになり、計算論的神経科学と呼ばれる分野に発展していった。また、脳のはたらきに関する計算論的神経科学の発展と並行して、心のはたらきについても情報科学の方法論が積極的に取り入れられるようになった。こうした潮流の形成が伝統的な学問の殻を破り、認知科学の基盤を形成していったのである。

なお、情報処理モデルの優れた点の一つは、モデルの処理能力を数理的に検討できるところにある。実際、コンピュータ科学者のミンスキーと、もともと数学者で一九六〇年ごろにはピアジェとともに子どもの学習に関する研究をしていたパパートによって、パーセプトロンの理論的限界が証明されたのも一九六〇年代末のことであった。この証明は、神経回路網モデルの研究に一時的にネガティブな影響をもたらした。こうしたモデルを用いた心と脳のはたらきの探究が本格的に復活するのは、第8章に述べるように一九八〇年代半ばのことになる。

記憶のはたらきに関する研究も、一九六〇年代には大きな流れに育った。五感のうちでもとくに視覚情報は膨大な量にのぼり、大脳皮質の後頭葉の大部分が視覚情報の処理に使われている。その一方で、前の章で触れたように、一時的に記憶したり処理したりすることのできる情報の量は、きわめて少ない。

記憶のしくみ

外界から入力された膨大な量の視覚情報は、少ない情報しか扱えない記憶の情報処理がはたらく前に、どうなってしまうのだろうか。この問題に挑戦したのは、米国の心理学者スパーリングである。彼は、巧妙な実験によって、数十ミリ秒以内のきわめて短時間だけ相当な量の視覚情報を保持する心のはたらきが存在することを一九五〇年代末に明らかにし、視覚記憶と名づけた。同様の実験は多くの研究者によって視覚だけでなく聴覚についても行われ、感覚情報をごく短時間大量に保持する心のはたらきは、感覚記憶と呼ばれるようになった。

長期記憶については、たとえば米国のコンピュータ科学者クィリアンが、一九六〇年代の末に、意味ネットワークと呼ばれるモデルを提案している。この記憶モデルは、いろいろな概念やその事例をノードとし、ノードの間の意味関係をノード間のリンクとして定義される。このネットワークにおける想起のしくみは活性化拡散(spreading activation)と呼ばれ、たとえば、「鳥は動物ですか」という質問に対しては「鳥」と「動物」のノードが活性化され、これらのノードにつながったすべてのノードが順次活性化されて、もとの二つのノードから始まった活性化の伝搬がどこかで重なれば「イエス」と答えるという情報処理のしくみになっている。クィリアンのモデルは、長期記憶のモデルとしてコンピュータシミュレーションが行われた最初のもので、その後の記憶モデルや情報表現の研究に大きな影響を与えた。

記憶のしくみについての情報処理モデルが次々と発表される中で、当時とくに反響を呼んだものの一つは、心理学者のアトキンソンとシフリンが一九六八年に発表した包括的な記憶システムのモデルである。彼らのモデルは、それまでの記憶モデル研究の成果を総合して、ごく短時間だけ大量の情報を保持する感覚記憶、視覚や聴覚などの知覚様式ごとに分かれて情報が一時的に保持され、その容量も限定されている短期記憶、意味のある情報を保持し想起する長期記憶、短期記憶の情報を繰り返し反芻して長期記憶に送るリハーサルの機能、いろいろな知覚様式の情報を処理する作動記憶の機能などが含まれたモデルであり、多重貯蔵記憶モデル(multi-store memory model)と呼ばれる。

記憶から知識へ

記憶の情報処理モデルがいくつか発表されるようになると、大昔から探究の対象になってきた「知識」と記憶情報とはどこがどう違うのか、知識が記憶情報の一種ならその表現法をどう考えるべきかといった、「知識表現」の問題がクローズアップされてきた。

知識は記憶情報(あるいは記憶のはたらき)の一種ではあるが、情報が他の情報と意味的につながって構造化され、状況に応じて使われ、その経験とすでに記憶されている知識が融合して新しい知識が創り出せるようになっている点に特徴がある。また、知識は記憶の一種だから、記憶と同じように意識下でもはたらき、外部からの情報がなくても心の中で変容していく。その点で、人間の知識はコンピュータのデータベースとはまったく違ったものである。

知識の表現法は、こうした特徴を端的に表現できる情報の表現法でなければならず、そのためには、関連性のある情報を並べたり、比べたり、組み替えたり、連想などの意味関係によって連結したりすることができる表現法でなければならない。しかも、新しい知識を創り出すための手続きもまた知識だから、もとの知識と同じ表現法によって表現できなければならない。

こうした考え方に立って、知識の表現をリスト構造(たとえば〈晴れ　曇り　雨　雪〉のように、記号で表現された情報が並んだ構造)とみなし、リストを単位とした記号処理モデルのプログラムを実行するプログラミング言語が開発されるようになった。

世界で初めて稼働し、心のはたらきのモデル化に用いられたリスト処理言語は一九五〇年代半ばにニューウェルらがつくったＩＰＬだが、最も普及したのは、一九三〇年代の情報科学の勃興時、とくにデータとプログラムを同等に扱うラムダ算法と呼ばれる情報表現法の発展を背景に、マッカーシーによって開発され、一九六〇年に発表されたＬＩＳＰ(LISt Programming language)である。ＬＩＳＰは、当時の研究者の間に急速に普及し、とりわけ、思考や言語の情報処理モデルに応用されていくことになる。

問題を解く

思考や問題解決の分野でも、多くの情報処理モデルが提唱される時代になった。その一つは、前章で触れた心理学者のミラーや神経科学者のプリブラムによるTOTE(Test, Operate, Test, Execute)モデルである。このモデルは、TOTEユニットと呼ぶ要素システムを組み合わせたフィードバックシステムで、ユニットはさらに中にTOTEユニットをもつ入れ子構造をしている。彼らは、何かを計画したり新しいイメージをつくったりするための思考のはたらきにこのモデルを当てはめ、思考やイメージのはたらきを統合的に説明できると主張した。

思考のはたらき、とくに心の中で問題を解く過程を、実験とコンピュータシミュレーションを併用した新しい方法によって解き明かしていったのは、ニューウェルとサイモンのグループであった。とりわけ、オランダの心理学者デフロートなどによって開拓されていた、心の中で考えていることをそのまま口に出して言い、そのデータを分析する「発話プロトコル分析」と呼ぶ実験法を導入するとともに、思考のはたらきをモデル化しやすいプロダクションシステムと呼ばれるプログラミングの枠組みをコンピュータに実装し、これらを総合した思考研究の方法論を確立していった。とりわけ、知的なはたらきの基礎には必ず記号表現の情報処理があるとする「物理記号システム仮説」は、その後の思考研究に大きな影響を与えた。

とくに彼らは、第7章に述べるように一九六〇年代から七〇年代にかけて、人間の問題解決が、目標と現状の差を縮める手段を見出す手段―目標分析(means-ends analysis)を基礎としていること、目標と現状の差を縮めるためには心の中で発見的探索が頻繁に使われることなどを、パズルやチェスのような構造のはっきりした問題解決課題を用い、右にあげたような実験とコンピュータシミュレーションの併用によって検証した。

また、ニューウェル、サイモンらによる思考と問題解決の研究は、認知科学だけでなく、コンピュータ科学や人工知能などにも、広く影響を与えてきた。さきに述べたミラーらのTOTEモデルはニューウェルらのモデルと重なる点があり、研究のオリジナリティを巡って当事者の間で激論もあった。新しく興った研究分野の熱気がじかに伝わってくるエピソードでもある。

感情研究の軌跡

記憶や思考の研究に比べて、感情のはたらきの解明が本格的に進むようになったのは、後の一九九〇年代以降のことになる。ただし、感情の研究がまったくなかったわけではない。ここでは、そのいくつかをまとめておこう。

感情研究の原点の一つは、一八七二年に出版されたダーウィンの論文「人間と動物における感情の表現」だといってよいだろう。一八八四年には、ジェームズが「感情とは何か」という論文を出版、意識下の生理的な反応のほうが意識にのぼる感情よりも早く起こることを主張した。この説は、同様のことを独立に主張したデンマークの医師ランゲの名前とともにジェームズ－ランゲ説と呼ばれる。

一九二〇年代には、米国の生理学者キャノンが、生理的反応と意識のうえでの感情のはたらきが並行して起こるという並行処理モデルを提唱、実験を行った弟子のバードとともにキャノン－バード説と呼ばれ、感情の情報処理メカニズムとして近年考えられてきたモデル（第9章「恐怖の回路」）のさきがけとなった。

一九三七年にはペーペッツの情動回路のモデルが提唱され（第5章）、同じ年に、米国の医学者クリューバーとビュシーの動物実験によって、側頭葉が損傷すると（その後むしろ扁桃体やその周辺部位の損傷によることがわかってきた）怒りなどの感情が起こりにくくなることが示され、クリューバー－ビュシー症候群と呼ばれるようになった。

一九六〇年代の初頭には、社会心理学者のシャクターとシンガーによって、感情とは生理的な反応の認知的なはたらきによる解釈であるとする感情の二因子モデルが提唱された。彼らは、アドレナリンのようなホルモンを投与されて生理的に興奮している人が、楽しそうな人たちと一緒にいると楽しいと感じ、怒っている人たちと一緒にいると怒りを感じることを実験によって確かめ、人は、生理的な反応を社会的な状況の中で解釈することによって、楽しいか怒っているかを決めているのだと考えた。このモデルにはその後批判もあったが、意識下の反応と意識のうえでの解釈の関係が重要であることを示唆したことに意味がある。

一九六七年には、思考や問題解決の研究をしていたサイモンが、感情は思考のはたらきを制御する役割を果たしていると主張した。また、社会心理学者で認知科学者の戸田正直は、厳しい自然環境で生き延びるためには、思考や記憶を制御する感情のはたらきが重要であることを主張している。問題を長い時間解いていても答がなかなか見つからないと、不安になって問題を考えるのをやめてしまう。大事なことを考えながら歩いているときに突然後ろから「おいっ」と言われると、一瞬体が硬直し、考えるのをやめ、振り返ろうか逃げようか、別の思考に移る。感情が思考を変えてくれなければ、暴漢に襲われてもさっきのことを考え続けてしまう。こうした例はみな、思考を制御する感情のはたらきである。

思考のはたらきを考えるときには、思考のしかたを変えるためのしくみまで考慮することは少ない。しかし、コンピュータのようにいくらでも計算を続ける機械と違って、いろいろな状況や心の変化に即座に対応して別のことをしなければならない人間の場合には、思考を制御するしくみは心のはたらきの中でもカギになる。

実際、感情が思考を制御するという考え方は、その後の感情研究の主要な柱の一つになった。とくに、ドーパミンをはじめとする神経伝達物質の役割が解明されてきた今日では、感情のはたらきが分子のレベルで思考のはたらきに影響を与えるし、その逆もあることがわかってきた。また、神経障害の症例などから、前頭葉のはたらきが弱まると、感情を表に表さなくなったり意欲が低下して、思考のはたらきが弱まってくることもわかってきている。

赤ちゃんはとてもかわいい。あやすと笑ってくれる赤ちゃんもいれば、泣き出す子もいる。生後まもなくでももう十人十色で、個性が滲み出ている。赤ちゃんは何を思っているのだろう? 赤ちゃんの心の中では何が起こっているのだろう? 大人の心は赤ちゃんの心が発達してできてくる。心のはたらきを探究するには、赤ちゃんの心がどのようにはたらき、どう発達するのかを探る研究が不可欠になる。

赤ちゃんの知覚

赤ちゃんの発達の過程を情報の概念をもとにして解き明かす研究が盛んになるのは、一九七〇年代以降のことになる。しかし、六〇年代にすでに、とくに知覚のはたらきについて、今日まで大きな影響を与えているいくつかの研究が現れた。

たとえば一九六〇年には、心理学者のエレノア・ギブソンらが、有名な「視覚の崖」の実験を人間の赤ちゃんやいろいろな動物に対して行った結果を発表している。

高さ一メートルぐらいの崖をつくり、上に透明な板を敷いて、崖のこちら側の赤ちゃんを向こうからお母さんが呼んだときに、赤ちゃんが板の上に這い出していくかを観察する。赤ちゃんがハイハイできるのに崖を這い出していかなければ、崖の下の奥行きを知覚しているものと推測できる。この方法で彼らは、生後六カ月の赤ちゃんが奥行き知覚のはたらきをもつことを示唆した。ただし、実際には生後六か月ではハイハイしない赤ちゃんが多く、またその後、不安のような感情や愛着のはたらきの発達にも強く依存していることが見出されている。

視覚の崖の実験は、その後も多くの知覚心理学者によって行われ、たとえば、生まれてから外界を見たことのない生後一日のひよこでも視覚の崖に出るのを躊躇することから、奥行き知覚が基本的には生物として備わった機能であると考えられるようになった。

やはり一九六〇年代の初めに、心理学者のファンツが、赤ちゃんに顔の絵を見せたときと図形の絵を見せたときの注視時間の違いを観察し、顔の絵のほうが注視時間が長いことを見出した。顔の表情を知覚するはたらきについては、今日まで多くの知見が得られており、とくに、脳のはたらきとしても他のモノを見るのとは違った情報処理が起こることがわかってきている。ファンツの実験は、このことの一端を、現象としては数十年前に明らかにしたものだった。

聴覚についても、赤ちゃんは早い時期から音を聞き分けることができる。このことを巧みな実験によって明らかにしたのは、一九七〇年に発表されたエイマスらの研究だった。彼らは、おしゃぶりを吸っている赤ちゃんに、背後からプ、プ、プ……のような断続音を聞かせ、突然ブ、ブ……というように違う音に変えると、生後一～二カ月でもおしゃぶりを吸う頻度が変わること、つまり音声のもとになる音の変化を聞き分けていることを見出した。

右のように、視覚や聴覚の情報に対して、赤ちゃんは生後まもなくから反応することができる。一九六〇年代という早い時期に明らかにされたこれらの事実は、基本的な心のはたらきがどのように生じ、発達していくのかという、きわめて重要な問題を考える基礎になっていく。

感情や知覚のはたらきに触れたところで、もう一度脳のはたらきに戻ろう。とくに、人間以外の動物では研究のしにくいことばのはたらきについて、脳神経科学の新しい研究が現れてきたのも、この時代の特徴であった。

分離脳の発見

たとえば、左右の大脳半球を結ぶ神経線維の太い束である脳梁を切断すると、左右の脳のはたらきが分離する。この「分離脳」の概念を、患者の症例などに基づいて米国の神経生理学者スペリーらが提唱したのは、一九六〇年代のことである。ことばの情報処理は主として大脳左半球で、知覚的なパターンの認識は右半球で行われているというスペリーの考え方は、脳の機能局在論を支えて今日まで続いている。

実際、生まれつき右利きの人の場合、脳の左半球が損傷を受けると、右半球損傷に比べてことばのはたらきが影響される傾向がある。ただし、俗に右脳、左脳といわれる脳機能の違いは、人々の間で誇張されすぎていて、たしかに左右半球は構造も異なり機能にも違いがあるが、個人差も大きく、どちらかが損傷を受けてもその機能を補償するようにもう一方がはたらくことも多い。こうした知見は今日までたくさん蓄積され、現在では左右半球のはたらきの違いにこだわる研究者は少ないが、スペリーらの発見自体は現在に至るまで影響を与えてきた。スペリーは、ヒューベル、ウィーゼルとともに一九八一年のノーベル賞を受賞している。

分離脳の発見は、とくにことばのはたらきが大脳左半球に局在している場合が多いことを指摘し、脳におけることばの情報処理の研究を促進する一つの要因になった。

たとえば、ことばのはたらきは生後一年ほどの間に現れてくるが、もともとは生まれたときから備わっているものなのだろうか。心のはたらきが生まれたときから備わっている、つまり生得的であることの必要条件を、神経心理学者のレネバーグは次のように与えている。(一)特定の民族や特定の時代を超えて普遍的に現れる、(二)学習ができない、(三)経験によらず段階的に発達する。彼は、こうした定義をもとに、人の言語能力が生得的であること、また、母国語を身につけるには三〜五歳ごろまでの大脳皮質の発達が重要であることを主張した。

ことばの探究

一九五〇年代以降、チョムスキーやレネバーグをはじめ、ことばのはたらきの局在性と生得性を明確に主張する研究者たちのコミュニティが育ったのは、米国東海岸のボストンである。当時のボストンには、さきにあげたマーをはじめ、認知科学を先導した多くの人材が結集して、言語や視覚などの心のはたらきを、言語なら言語、視覚なら視覚だけに限って科学的に研究するための、新しい方法論を開拓していった。

ことばのはたらきの探究を文法構造に焦点を絞って一九五〇年代から行ってきたチョムスキー学派に対して、ことばの意味をどう理解し、ことばをどう使うかといった問題に広げて取り組む研究がはっきりとした形を取り始めたのは、一九六〇年代になってからのことになる。

ことばを理解したり産み出したりする心のはたらきでは、いくつかのレベルの情報が総合的に処理される。第一は、文字が並んだ視覚パターンや音声の聴覚パターンのような知覚情報である。第二は、母音や子音、抑揚やアクセントなどの音韻情報、第三は、意味の最小単位とされる形態素の情報である。たとえば「おじいさんが日焼けで真っ黒になった」という文は、形態素に分けると、お、じい、さん、が、日、焼け、で、真(っ)、黒、に、なる(っ)、た、になる。第四は、右の例文でいえば、おじいさん、が、日焼け、で、真っ黒、に、なる(っ)、た、という単語のレベルである。(「なった」を複合語として一つの単語とみる考え方もある。)

第五は文法のレベルで、たとえば〈文〉→〈名詞句〉〈動詞句〉(矢印の元の方から先の方へ「文は名詞句、動詞句がこの順で並んだもの」と読んでも、逆に先から元へ「名詞句、動詞句の並びから文がつくられる」と読んでもよい)、〈動詞句〉→〈副詞句〉〈動詞句〉(この規則は矢印の両側に〈動詞句〉があるから、繰り返し使って文をつくると無限に動詞句を並べられる)などの、句構造規則と呼ばれる規則をもとにして定義される。右の例文は、「おじいさんが」という名詞句と「日焼けで真っ黒になった」という動詞句の並びであり、さらにこの動詞句は、「日焼けで」という副詞句と「真っ黒になった」という動詞句に分けられる。他にも、「なった」を「なる」と「た」に分けるように複合語を分解したり、能動態を受動態にしたり、英語などでは動詞を過去形にしたりするなど、変形規則と呼ばれる別のいろいろな規則が用いられる。

第六は意味のレベルで、文の意味を、動作主体、動作、時制、場所、属性、因果関係などからなる構造とみなす。たとえば、さきの例文では、「なった」が動作、「おじいさん」が動作主体、「日焼けで」と「真っ黒に」はそれぞれ原因と結果を表す。第七は言語使用(語用)のレベルで、発話する人の意図や信念のような心の状態、発話された文脈や状況から推測されるいろいろな情報を含む、広い意味での意味情報のことである。

たとえば、「日焼けで真っ黒になったの」という文は、さきの例文から「おじいさん」が取れ、最後に助詞「の」がつくことで、発話した人、その人の意図、聞き手の存在、発話された状況や文脈、とくに「日焼けしたのはおじいさん」だということを(そうだとは知らなかった)聞き手に伝えている文脈などの情報が加味されてくる。

ことばのはたらきは、文法だけでなく、右にあげたようないろいろなレベルの情報処理が相互作用し、さらに知覚、記憶、思考、感情などの情報処理とも相互作用することによって生じてくる。一九六〇年代という時代は、ことばのはたらきについてのこうしたイメージが浮上してきた時代であった。

とりわけ、一九六〇年代の前半、言語学者のレイコフが、文法と意味の両方を表現する新しい意味構造を導入し、生成意味論と呼ばれる新しい意味論を提唱した。チョムスキーらによる生成文法(あるいは変形規則を重視して変形文法と呼ぶ)の統語構造では、文法としての深層構造(名詞句、動詞句など)から表層構造(外から観察できる単語の列)を導く。これに対して生成意味論では、深層構造として動作、動作主体、属性などからなる意味構造を定義し、その深層構造から直接表層構造が生成される。

たとえば、「おじいさんが日焼けで真っ黒になった」の深層構造は、「なる」が動作、「おじいさん」が動作主体、動作の結果が「真っ黒に」、結果を産み出す方法が「日焼けで」と考えればよく、これらの意味構造からもとの文がつくられると考える。

生成意味論の発展を担った代表的な言語学者の一人に、フィルモアがいる。彼は、意味の要素として動作、動作主体、時制、場所、数、対象、目標、手段、原因、結果、経験などを定義し、動詞の意味を意味構造の要に置いた。フィルモアは、これらの要素を格と呼び、格に対して句や語彙などを直接対応させる、意味論と統語論を結びつけた言語構造を格文法と呼んだ。

格文法の構造は、日本語の特徴である格助詞を使った係り受けの構造とよく似ている。たとえば、日本語の助詞「は」、「で」は、それぞれ格文法の動作主格、場所格(ないし手段格)に対応する意味をもつ。実際、格文法の研究には現代日本語文法が影響を与えたといわれており、日本語の文法と比較すると興味深い。

知識の探究については古今東西、とくに哲学が多くの見方を与えてきた。認知科学の勃興に影響を与えた二〇世紀半ば以降に限っても、「〜であることを知っている」知識と「いかに〜するかを知っている」知識を分けて分析した英国のライル、プラトンが『テアイテトス』で提起した知識の定義に挑んだ米国のゲティエ、概念やことばの発達の研究に大きな影響を与えた米国のクワイン、機能主義的な心の探究に批判的に取り組んだ米国のパトナム、デネット、サール、その他の哲学者が、知識の探究に大きな足跡を残した。こうした知識の探究にも影響を受けながら、意味論を中心として心のはたらき全体の中でことばの構造と機能を探る研究は、今日認知言語学という名で呼ばれる新しい分野に育っていくのである。

発話行為

ことばを口に出したり、手話で話をしたり、ときには書いて示すことも含めて、心の中のことばを外に出すことを総称して「発話」という。発話のなかには、心の中にある別の情報を外に伝えるための発話がたくさんある。たとえば、「ずいぶんとお賑やかで」という発話は「うるさいから静かにして」ということを伝えたい行為だったりする。

発話すること自体が何らかの行為(意図のある行動)と考えられるとき、その行為を言語行為(speech act)と呼ぶ。言語行為は、右にあげた七つのレベルの中でとくに語用論に関係する。

言語行為について早くから体系的な探究を行った研究者の一人に、英国の言語哲学者オースティンがいる。オースティンは、言語行為を、何かを記述する行為、話し手の意図を伝える行為、聞き手が何かを得られるという話し手の期待を示す行為に分けた。たとえば、「きみが犯人だ」という発話は、「きみが犯人である」ことを記述する行為、「きみを捕まえるぞ」という話し手の意図を伝える行為、「きみはもうおしまいだ」という覚悟を聞き手がもつことを期待する行為のどれにもあてはまる。

なお、「きみが犯人だ」という発話が、「きみが犯人である」という記述の場合は、発話の意味が正しいか間違っているかが問題になる。ところが、「きみを捕まえるぞ」という意味ならば、正しいか間違っているかは無関係である。このように、発話行為を意味の観点から分類したのもオースティンであった。彼の考え方やモデルは、死後まもなく発刊された一九六二年の著書にまとめられている。

発話行為のモデルをはじめとする語用論の研究は、その後、ことばのはたらきを広く状況や文脈の中でとらえる認知科学の研究に影響を与えていく。さらに、一九八〇年代に人工知能の分野で盛んになる、心の状態(意図、信念、目標、約束、関与など)の知識表現法の研究にも、間接的に影響していくことになる。

なお、人間の発話行為はコンピュータではシミュレートできないという批判も、一九六〇年代当時から現れている。たとえば、米国の哲学者サールは、何かを約束するという話者の意図を発話が表すための条件を考察し、意図をもつことのできないシステム、つまり何かを「しようとする」ことのできないシステムは知性をもつことができないと主張した。彼は、この主張に沿って、コンピュータは意図をもてないから知性をもてない、したがって知能をもつ機械、つまり人工知能をつくることは不可能であると批判した。

この批判が当たっているかどうかは、「意図をもつ」ということの意味に依存している。赤ちゃんが「何かをしようとしている」とか「何かをしたい」とはどういうことか、最近の認知科学はこうしたテーマにも取り組むようになった（第2章で触れたが、第8章でも述べる）。認知科学の軌跡をたどると、人間についての興味深い課題が見えてくる。

会話の意味

オースティンの弟子で英国生まれの哲学者グライスは、一九五〇年ごろから、会話の満たすべき性質や条件を探究した。たとえば、会話によってお互いに共有される情報は、交わされたことばの意味だけではなく、二人の話し手が直接意図しなくても、会話自体が言外の意味を与えることがある。グライスが「会話の含意」と呼んだこの性質は、コミュニケーションのはたらき全般にとっても重要なものである。

人は、会話の機会をとらえて相手から情報を吸収しようとしたり、相手に取り入ったりする。会話は単なることばのやり取りではなく、他者と何らかの関係をつくるための道具になっていることが多い。ただ、こうした会話の複雑なはたらきを考えるときには、基本的な会話がもつ

「べき」規準をあげておくことも大切である。

グライスは、会話のあるべき規準として、ウソだと思っていることは言わない、口に出す情報が多過ぎたり少な過ぎたりしないようにする、会話の目的に関係のない情報は言わない、いろいろに意味の取れるあいまいなことは言わない、という四条件(グライスの公準と呼ぶ)をあげ、その全体を協調原理と呼んだ。人はよく、協調原理を外した、言外の意味が生まれるような会話をする。そういう会話の複雑さを考えるのにも、右のような公準が必要だったのである。

文化と環境

このあたりで人類学に眼を移してみよう。一九世紀以来、英国のダーウィン、タイラー、フランスのレヴィ＝ストロース、ポーランド出身のマリノフスキー、ドイツのボアーズらによって拓かれてきた人類学にも、二〇世紀半ばになって情報の概念が波及し、その後認知人類学と呼ばれるようになる新しい分野が生まれてきた。

とくに、認知科学が産み出した新しい方法を伝統的なフィールドワークに併用して、心のはたらきと文化や環境との関係に踏み込めるようになってきたのは、一九六〇年代のことである。一九六九年に出版されたタイラー編の『認知人類学』、思考の方法や記号表現がいかに世代を超えて継承され文化を形成していくかを探究した人類学者ギアツらの研究などが、この潮流のさきがけになった。

認知人類学の関心の一つは、違う文化や言語のもとで育った人々、また違った民族の人々が、違った心のはたらきをするかという問題にある。たとえば、言語が違えばモノの見方が違うかどうかという問題は、学問の中だけでなく、グローバル社会に内在する大きな関心事である。

一九六〇年代の潮流のもとで生まれ、現在に至るまでよく知られた研究の一つに、人類学者バーリンと言語学者ケイによる基本色彩語(basic color terms)の研究がある。彼らは、世界のさまざまな言語系統から二〇の言語を選び、それらの言語のどれをとっても、色を指す基本的な単語は、黒、白、赤、黄、緑、青、茶、灰、ピンク、オレンジ、紫、淡青(そら色)の一二色までしかないことを主張した。また彼らは、調べた二〇の言語すべてに黒と白に対応する基本単語が必ずあること、基本色彩語を三つもつ言語では黒と白以外の三番目の基本語は必ず赤であること、基本語を四つもつ言語ではさらに黄あるいは緑が加わることも見出した。

バーリンとケイの主張を広くとらえれば、言語が違ってもモノの見方は基本的には同じ(言語普遍性仮説)だということであり、言語のはたらきは知覚と別に考えてよいということになる。

その一方で、言語はモノの見方と無関係ではなく、むしろ思考を規定すると考えた人々もいる。こうした思想はとくに一九世紀ドイツの哲学に見られるが、その流れを汲むドイツ生まれの人類学者サピアは、二〇世紀の前半、言語によってモノの見方が異なると考えた。また、サピアの弟子だった米国の技師ウォーフは、一九四〇年代に米国のホピインディアンの言語を研究し、とくに、ホピの言語に時間を表す単語がないようにみえるのにお互いに時間を共有できるのはなぜかといった問題を検討して、今日に至るまでサピア－ウォーフの仮説と呼ばれるようになる、思考のはたらきは言語に依存するとする言語相対性仮説を提唱した。ウォーフは火災保険会社の調査員をしていて、中に引火性のガスが充満していても液体や固体が入っていなければ「カラの」ドラム缶という言い方がされ、カラと聞くと安全と思ってしまって事故が起こるという体験などから、言語の相対性に関心をもったと伝えられている。

サピア－ウォーフの仮説によれば、ことばのはたらきは思考や知覚と無関係ではないということになる。

言語普遍性仮説と言語相対性仮説の議論は一九九〇年代まで続いたが、真実はその中間にあるように思われる。つまり、言語を身につけるための基本的なしくみは進化の過程で人に備わったものだが、心のはたらきとしては、ことばの意味や用法が知覚や思考に影響を与え、また影響を受ける。これら二つの主張は矛盾するものではなく、真実の二つの側面であろう。

右に眺めてきたように、一九六〇年代という時代は、三〇年代に生まれてから二〇年あまりを経た情報の概念が、心理学、言語学、神経科学、人類学などの分野に徐々に浸透し、長い伝統をもつ学問分野が横断的なかかわりを形成し始めた時代にあたる。

第7章　発　展——一九七〇年代の広がり

「認知科学」という名前は、一九五〇年代に誕生したときからあったわけではなく、公の場で初めて使われたのは一九七〇年代前半のことである。七〇年代は、認知科学が伝統的な諸学問を横断しながら発展し、広がり始めた時代にあたる。当時までの情報処理アプローチをもとにした心理学者ナイサーの著書『認知心理学』(一九六七年)が標準的な教科書として世界中で使われるようになっていったことも、当時を象徴するできごとであった。

この章では、こうした発展の時代をたどっていく。まず脳のはたらきから始めよう。

脳の進化と感情

脳の構造はきわめて複雑ではあるが、大きく見るといくつかの部位に分かれている。それらの部位は、進化の過程で少しずつ積み重なってきたものであり、現在の人類の脳は、古くからある脳のうえに、進化によって新しくつくられてきた脳が重なった構造をしていると考えられる。

こうした考え方に立って、脳全体を進化の過程で三つの脳が積み重なったものと見る脳の三位一体説が、米国の医学者マクリーンによって提唱されたのは、一九七〇年代初めのことであった。この説では、人類の脳は次の三つの脳が積み重なったものと考える。(1)呼吸や睡眠などのはたらきを制御する、爬虫類の脳と呼ばれる脳幹、(2)摂食や防御、繁殖や感情などのはたらきを制御する旧哺乳類の脳と呼ばれる大脳辺縁系、(3)知覚、体性感覚、運動、記憶、判断、言語などのはたらきを担う新哺乳類の脳と呼ばれる大脳皮質。

三位一体説はかなりおおまかなもので、その後いろいろな批判を呼んだが、その一方で、大脳辺縁系の重要性に研究者を惹きつけ、その中にある扁桃体や海馬の機能として、感情や記憶のはたらきに人々の関心を向けさせる効果を発揮することになった。

脳のはたらきと学習

昔は、脳の神経細胞はいったんつくられたらその後は成長しないと考えられていた。今ではそのイメージはまったく変わり、神経細胞の形やシナプス結合の構造はいろいろな要因によって変化することが知られている。その意味で、脳は一生学習し続けていると考えてもよい。

今では脳神経系の学習に関する研究は膨大な数にのぼっているが、そのきっかけの一つは、一九六〇年代の半ばに、ノルウェーの若い生理学者レモが発見した、シナプス結合における学習の現象である。レモは、ウサギの海馬系を使ってこの現象を解析し、同僚のブリスと共同で一九七三年に発表した。

神経細胞に短い電気パルスを与え、シナプス結合でつながった隣の細胞にも短時間、高周波の電気パルスを与える。すると、パルスを切っても後者の活動電位がある程度高く維持されたまま、分単位、日単位で持続することがある。この現象を長期増強（ＬＴＰ、Long-Term Potentiation）と呼ぶ。シナプス結合の種類によって、高周波の刺激により活動電位が急激に下がり、刺激を取り去った後も元へ戻らず抑制されたままになるものもあり、長期抑制（ＬＴＤ、Long-Term Depression）と呼ばれる。

長期増強や長期抑制は、シナプス結合の情報伝達特性が変化したまま長時間にわたって維持されることを端的に表す現象であり、一九七〇年代以降活発になった神経系の情報処理の研究に急速に取り入れられていった。

なお、その後、運動学習に強く関与している小脳の細胞、また大脳皮質の細胞についても長期増強や長期抑制が起こることがわかってきた。さらに、神経細胞から放出される神経伝達物質がシナプス結合を通って隣の細胞の受容体に反応する化学的なメカニズムも急速に解明されてきた（コラム2）。たとえば、アルツハイマー病やパーキンソン病の原因として、長期増強の低下をもたらす化学物質がかかわっているのではないかという考え方もある。

脳の中の情報表現

脳に分布した神経細胞やそのシナプス結合などから、記憶や思考のような身近な心のはたらきがどのようにして生じるのだろうか。一九五〇年代に視覚や触覚の反応選択性が発見され、シナプス結合の可塑性も見出されて（ともに第5章）、心と脳のはたらきがつながる気配が見えてきていた。米国の神経科学者レトヴィン、チリの生物学者マツラーナらが一九五〇年代の末に発表した論文には、「見える」という知覚のはたらきが脳のどんなはたらきから生じるかという問題に迫ろうとする、「蛙の眼は蛙の脳について何を語るか」という題さえつけられていたのである。

しかし、現実には、神経細胞と心のはたらきの間には大きな隔たりがある。たとえば、一つひとつの細胞の活動が心の中で起こる別々の情報処理に対応しているのか、それとももっと広い範囲の神経系の活動が心の一つのはたらきに対応しているのかさえ、当時はよくわかっていなかった。こうした時代の流れのなかで、情報が脳の中でどのように表現されているのかという、脳における情報表現の問題が本格的に浮上してきたのは一九七〇年代のことである。

一個の神経細胞に細いガラスの微小電極を差し込み、その電気的な反応を測定する微小電極法は、現在では数十の電極を束にして埋め込むようになってきたが、一本の電極で測定をしていた時代には、何かの心のはたらきに対して一個の細胞の電極反応が取れると、その細胞だけがはたらいていると考えてしまう傾向があった。しかし、一〇〇億個以上の神経細胞一つひとつにまったく別々の情報が表現されるということは、常識的にも考えにくい。たとえば、おばあさんが見えたときにはある特定の細胞(おばあさん細胞)が反応し、おじいさんが見えると別の特定の細胞(おじいさん細胞)が反応するということは考えにくい。「おばあさん」(あるいは

「おじいさん」)が見える知覚のはたらきにはそれぞれ多数の神経細胞がかかわっており、「おばあさん」と「おじいさん」の両方に反応する細胞もたくさんあると考えるほうが妥当である。

一九八〇年代には顔だけに反応する神経細胞があるということも報告されたが、一つひとつの細胞に別々の顔の情報が表現されるとは考えられない。右にあげたレトヴィンは、一九六九年、「おばあさん細胞」は存在しない、つまり一つひとつの細胞が特定の心のはたらきに一対一で対応することはないことを主張している。

英国の神経科学者バーローをはじめ、情報が脳内の多数の神経細胞に分散して表現されると考えた研究者の多くは、一九七〇年代を通してポピュレーションコーディングと呼ばれるようになるモデルを提唱していく。このモデルは、一つの情報が一個の細胞に表現される「おばあさん細胞」モデルではなく、多数の細胞に情報が分散しているとする分散表現(第4章)のモデルである。

さらに、ポピュレーションコーディングのうちでも、情報が細胞群のすべての細胞に分散した完全分散モデルでなく、それほど多くはない数の細胞に「疎(スパース)に分散した」モデルとして、スパースコーディングと呼ぶ情報表現のモデルも提案されるようになった。

スパースコーディングのモデルは、同じ数の細胞が使えるのであれば、おばあさん細胞モデルよりもたくさんの情報を表現することができ、また完全分散モデルよりも簡単に情報を想起できる。この意味で、脳の中にたくさんの情報を貯えながら簡単に想起できるようにするには効率がよく、エネルギー効率の面から考えても、脳の中でそうなっている可能性がある。

脳の階層構造と相互作用

一九七〇年代から八〇年代にかけ、脳神経系の実験を行う研究者と情報処理モデルを構成する研究者の協調によって、多くの成果があがるようになった。とくに、実験と理論の協調によって、外界からのエネルギーが感覚細胞によって内部情報に変換され、その情報がさまざまな知覚的特徴に分かれて処理され、その出力がさらに別の部位に送られて高次の処理が行われているという考え方が明確になってきた。

また、こうした情報処理がいろいろな機能について並行して進められ、それらが相互作用することによって心のはたらきが現れてくるという、情報処理システムとしての脳神経系の全体像が浮かび上がってきた。とりわけ、脳の神経系が脳幹、小脳、大脳辺縁系、大脳皮質の内部やその間を結ぶ密度の高い神経経路を通して相互作用していること、しかも、神経系が入り組んだ階層構造をなし、各層でも並行して情報が処理されるとともに層の間でも相互作用が起こっていること、さらに、神経細胞がつながってループしている(元の神経細胞に情報が巡り戻ってくる)回路がたくさんあり、きわめて複雑なシステムを形成していることもわかってきたのである。

こうした発展とともに、神経障害などの知見や脳神経系のさまざまなデータを組み合わせて脳の複雑な機能に挑む、認知神経科学の研究も盛んになった。たとえば、米国の神経科学者ガザニガらは、分離脳の研究をもとに、この章の最後に触れるスローン財団の研究資金によって、認知神経科学の研究を推進していった。また、神経科学者のゲシュヴィントらによって大脳の左半球がことばのはたらきに関わる構造をもつことが明らかにされたのは一九六〇年代後半のことで、こうしたことが重なって、一九七〇年代には、動物を用いた実験では解明の困難な、脳におけることばの情報処理の探究が脚光を浴びるようになる。

ことばの情報処理

神経科学者が脳の中でのことばの情報処理に目を向け始めたのと並行して、言語学、心理学、コンピュータ科学などの分野の人々が、心の中でのことばのはたらきについて、広く取り組むようになった。そこには、自然科学だけでなく心理学や言語学の研究者にコンピュータが普及するようになった一九七〇年代の時代背景がある。

言語の構造や機能のモデルを考えようとすると、単語や句の並び方を決める統語論と、語や句の意味を決める意味論、それに文の使い方を規定する語用論の三つをどう融合するかが焦点になる。このうちまず、統語論と意味論をどのように合体するか、生成文法(第5章)や生成意味論(第6章)の興隆を受けて、一九七〇年代から八〇年代にかけて浮上してきたのは、この問題であった。

この問題について、情報科学の方法論を背景として急速に進んだ研究に、句構造文法に意味論の構造を付け加えたモデルがある。句構造文法は、文を句の列として定義する文法で、たとえば「これは本です」という文は、名詞句「これは」と動詞句「本です」の列と考える。チョムスキーが提唱した生成文法も句構造文法の一種である。しかし、一九七〇年代以降の句構造文法では、それぞれの句や語に意味を表す情報を付けられるようにすることで、統語論と意味論の統合を図り、しかも情報処理の能力を維持しようとした点に特徴がある。

当時提案された代表的な句構造文法には、一般化句構造文法、語彙機能文法、主辞駆動句構造文法などがある。とくに、主辞駆動句構造文法は、文の中心になる動詞、また文中のそれぞれの句の中心になる語(主辞)について、音韻、統語、意味などの情報の構造を定義し、こうした情報構造がお互いに結びついたものが文であるとみなして、当時のコンピュータ科学の最先端にあった制約処理のアルゴリズムが適用できるようにしている。

こうしたモデルは、日本語や英語など、自然言語のコンピュータによる構文解析や意味解析のアルゴリズムなどに広く応用されるようになった。

なお、一九八〇年代になると、さらに、右のような新しい文法モデルをもとにした自然言語処理の応用や、応用に適した辞書データベースの研究も活発に行われるようになり、計算言語学と呼ばれる学問分野が輪郭をもつようになる。日本では、一九七〇年代から八〇年代にかけて、長尾眞らの研究者が、大規模な機械翻訳の研究を進めるようになった。近年になって大規模文書検索、ウェブ検索、人間とコンピュータの対話といった技術が急速に発展した背景には、こうした学問分野の成長があったのである。

文章の意味

その一方では、人間がどのようにことばを理解するかについての心理学的な研究も盛んになる。たとえば、文の意味を理解する心のはたらきはどのようなものか、読みやすい文と読みにくい文はどこが違うか、文章を理解しようとするときには心の中で何が起こっているかなど、多くのテーマについていろいろな成果が報告された。その結果、人は基本的に、音韻、形態素、文法、意味、文脈などの情報を、お互いに関係づけながら並行して処理し、全体の意味を理解しようとする、ということばの理解モデルが浮かび上がってきた。

このような統合的なことばのはたらきのモデルはたくさんある。たとえば、提案されたのは一九八〇年代に入ってからのことになるが、米国の言語心理学者ベイツとマックウィニーは、音韻から文脈に至る各種の情報処理が競合し、確率的に最も妥当と思われる情報処理が優先することで文の意味解釈が進むというモデルを考えている。

一九七〇年代にはさらに、人が文章を理解する過程を説明するために、物理的な行為、心の中での行為、概念、態度や信念、感情、時制、方向関係などの記号表現を組み合わせて文の意味を規定する方法も現れた。米国のコンピュータ科学者シャンクが提唱した概念依存文法(conceptual dependency grammar)は、その代表的な例である。

また、現象としてはすでに一九三〇年代初めにバートレットが指摘したことだが（第4章）、過去の経験を通して心の中につくられた図式（スキーマ）を、対象に合わせて修正し、社会的なできごとや複雑な行為を理解するという心のはたらきがある。たとえば、これまでの経験を通してレストランでの行動手順（スクリプト）が記憶の中につくられているので、初めてのレストランに入っても、過去のスクリプトを想起して修正するだけで十分対応できる。何かをするための手順（プラン）についても同様である。こうした記憶と思考のはたらきを、シャンクは動的記憶（dynamic memory）と呼んだ。

他にも、話のつながった長い文章（ディスコースとか談話と呼ぶ）の意味構造を表現する談話文法、物語の意味構造を表現する物語文法（起承転結はその単純な例）など、人が複雑な文章の意味を理解する心のはたらきを探究するための、文章の情報表現に関する枠組みの研究が進められた。

こうして、ますます複雑な文章の表現を扱うようになったことばの情報処理の研究は、人工知能の分野で盛んになってきた知識表現の研究と相まって、複雑な構造をもつ人間の知識をどう表現するかという問題をクローズアップさせていったのである。

知識とその表現

知識をどのように表現するかという難問への挑戦は、一九七〇年代末ごろに一つのピークを迎える。たとえば、一九七七年に刊行された学術誌『コグニティブ・サイエンス』(認知科学)創刊号の冒頭には、コンピュータ科学者のボブロウとウィノグラードによる知識表現の論文が掲載されている。この論文は、旅行代理店が顧客の要求に応えるという領域を例として用い、ことばの意味構造や知識表現をコンピュータで処理できるように総合的にモデル化した、当時最先端の研究成果の集大成ともいえるものであった。

しかし、こうした研究をピークとして、知識表現の問題は、一九七〇年代末から困難にぶつかる。知識を記号表現としてコンピュータの中に具体的に表現し、処理しようとすると、人間にとっては単純な知識でも、とても表現し切れないことがわかってきたからである。実際、ボブロウらの論文のプログラムは、複雑過ぎて当時のコンピュータではほとんど動かなかったといわれる。

結局、人間の知識を具体的に表現しようとする研究が遺した教訓は、私たちが日頃心の中に創り出し、利用し、学習している知識が、いかに豊かで複雑な内容をもっているかということだったのである。

その一方で、このころまでに提案された知識表現の多くは、心や脳が行っている並行的な情報処理を想定していたわけではなかった。これに対して、人間のもつ知識をどう表現するかについて長年関心を抱いていたミンスキーは、一九七〇年代の半ばに、概念の意味や属性、例、それらの情報を処理する手続きなどを一括して表現する、フレームと呼ぶ情報構造を考え、たくさんのフレームが並行してはたらくネットワークによって知識を表現する、フレーム表現を提唱した。たとえば、「学生」というフレームのなかには、学生とはどんな人間かとか、学生がふだんしていること、試験のときにはどう行動するか、学生の例などが表現され、また、「学生」フレーム自体が他のたくさんのフレームと意味関係によってつながっている。たとえば、「学生」は「人間」のフレームに「〜は≈である」という意味関係でつながっている。

なお、さらにミンスキーは、一九八〇年代の半ばになって、心のはたらきとは、単純な情報処理しか行わないエージェントと呼ぶ手続きがたくさん集まって相互作用すること、つまり心をもたない小さなエージェントが集まった「社会」のはたらきだとする、心の社会(society of mind)モデルを提案した。ミンスキーの知識表現法は、心や脳の特徴に似て、たくさんのフレームあるいはエージェントのはたらきを超並列的に処理しやすい構造をしている点に特徴がある。

現代に至って、人間のもつ膨大な情報をデータベースに格納し、それを並行的な情報処理によって超高速で検索する技術が急速に進み、情報検索を商いとする企業が世界の経済をリードする時代になった。しかし、こうした技術の多くは、心のはたらきとはまったく異なる、超高速の反復処理と、大量のデータから自動的に規則性を発見するアルゴリズムのかたまりである。「知識とは何か、知識はいかに表現されるか」という問題は、なお未解決のまま私たちの前に横たわっている。

記憶の複雑さ

記憶について語るとき、私たちは何かの比喩に頼ることが多い。記憶に「貯える」、記憶に「刻まれる」など、記憶が倉庫とか彫刻板であるかのような言い方をする。しかし、実際にはそうではない。「記憶」ということばは、基本的には心のはたらきやそのはたらきを担う心の中の情報処理システムを指すことばである。

一九七〇年代には、心のシステムとしての記憶の研究も急速に進んだ。たとえば、一九七四年に英国の心理学者バデレーとヒッチが提案した作動記憶のモデル（多重成分モデルと呼ばれる）は、階層構造をしており、上位層には下位層の情報を制御するシステム、下位層には上位層によって制御される音声、視覚、空間情報などの成分が別々に含まれている。

作動記憶のはたらきは、思考や注意の機能にもかかわっており、その後バデレーは、もとのモデルにエピソードバッファーと呼ぶ部分を加え、作動記憶の中で、視覚や音声のような知覚情報だけでなく、エピソード記憶にかかわる情報を処理できると主張するようになった。

ただし、現在では、順行性や逆行性の健忘はエピソード記憶の障害では起こるが作動記憶の障害では起こらず、前頭葉の範囲で損傷を受けたときには作動記憶の障害は起こるが健忘は起こらないと考えられていて、作動記憶とエピソード記憶ははたらきとしては別のものとみなされている。

今では、右にあげた作動記憶とエピソード記憶の区別だけでなく、いろいろな種類の記憶のはたらきが知られているが、記憶を分類したさきがけの一つは、心理学者のタルヴィングらが、一九七〇年代の初めにエピソード記憶と意味記憶(概念やことばの意味についての記憶)の区分を提唱したことである。

エピソード記憶を、時間の順序や時間の長さを保って思い出されるできごとの記憶と考えるなら、ハチドリのような動物でもエピソード記憶のはたらきをもっているという報告もある。しかし、第9章でもあらためて述べるが、人間の場合は、エピソード記憶を思い出すときにはその記憶を想起している自分が意識される。このことを重く見るなら、人間に特有の心のはたらきと考えたほうがよい。この本では、エピソード記憶を人間特有の心のはたらきとみなしている。エピソード記憶は、認知症や不安障害などの神経障害に深く関係していると考えられることもあって、多くの研究者の関心を集めるようになった。

今日に至る記憶の研究をリードしたタルヴィングは、さらに一九八〇年代初頭になって、モノや現象の記憶(宣言的記憶)とやり方の記憶(手続き的記憶)が別々の記憶のはたらきであることを主張した。心における記憶の研究と並行して、脳における記憶の研究も急速に進み、一九八〇年代の後半には、神経科学者のスクワイアーらが、手続き的記憶に側頭葉の特定の部位が強くかかわっていることを示し、右にあげたタルヴィングらの主張が支持されるようになった。

想起と変容

一九七〇年代に提案された記憶のモデルには、他にもよく知られたものがたくさんある。たとえば、英国生まれの心理学者クレイクとロックハートは、七〇年代の初めに処理水準理論(levels-of-processing theory)を提唱し、どのくらい強く長期記憶に保持されるかは、第6章で触れたアトキンソンとシフリンのモデルのようなリハーサルの回数によってではなく、記憶するときにどのくらい深く意味を取ったかに依存すると主張した。たとえば、「さなぎ」について、単語をまる暗記するか、さなぎのイメージを思い浮かべながら覚えるか、「幼虫が――になり蝶になった」の空欄を埋める単語として覚えるかなど、記憶するときにどの程度深く意味を取るかによって、想起のしやすさが変わってくる。このモデルは、それまで提案されてきた、記憶を貯蔵庫のような比喩で表すモデルとは違った切り口を提示した点に意味がある。

また、タルヴィングらが七〇年代に提案した記憶モデルに、符号化特殊性原理(encoding specificity principle)がある。このモデルによれば、ある情報を思い出すときには、その情報を記憶したときに一緒に(ほとんどは意識下で)記憶に取り込まれた情報が、文脈的な手掛かり情報として提示されると想起しやすい。たとえば、教室で講義を受けたときの記憶は、その教室に行ってみると(たとえば教室の情景や教壇の位置などが手掛かりになって)思い出しやすい。

何かを思い出す手掛かりが、覚えたときの場所のような情報でなく、感情や、同じ感情が長く続く気分のような場合もある。実際、楽しい気分のときに記憶した情報は楽しいほうが、悲しいときに記憶した情報は悲しいほうが思い出しやすい。これは、一九七〇年代の末にバウアーによる催眠実験で見出された。ただし、よく起こる現象かどうか明らかではない。

何かを思い出すときの心のはたらきには、右にあげたように、覚えたときの状況や文脈、感情などの情報がかかわっている。このことは、一見単純に見える想起のはたらきにも意識下の処理が深く関与している、記憶の本質の一つの現れである。

想起のはたらきに意識下の情報処理が強くかかわり、自分では意識していないのに記憶の内容が変容して思い出されることも、多くの研究によってわかってきている。自動車事故を目撃した人がその内容を証言するのに、実際には見なかったことを自分では見たと信じて話すことがある。また、確固たる目標をもって活動している人の心の中では、その目標を達成しやすいように想起のメカニズムがはたらく傾向がある。「想起」とは、いったん記憶したデータをそのままの形で取り出すコンピュータの情報検索とはまったく違い、何かに関心をもち、何かを求めようとしている人の心、また思い出したくないことを意識の下に抑制しようとしても思い出されてしまう人の心が引き起こす、きわめて人間らしい記憶のはたらきなのである。

なお、想起の過程を説明する情報処理モデルも、一九七〇年代までにいくつか提唱されている。たとえば、右にあげた目撃者の証言の研究で知られる心理学者のロフタスは、心理学者のコリンズとともに、第6章に述べたクィリアンの意味ネットワークモデルに基づく活性化拡散理論と実験を併用して想起に要する時間を説明した。また、意味ネットワークと活性化拡散のアルゴリズムを組み合わせた、認知科学者のアンダーソンによる記憶の情報処理モデルも早くから知られていたものである。

注意と気づき

ここでメタ記憶について触れておこう。メタ記憶とは記憶についての記憶のことで、たとえば、歌の歌詞をどうやって覚えたかを思い出したりするのはメタ記憶の例である。「何かを知っているということに気づいている」という感じをもつことも多いが、これもメタ記憶の一種と考えられる。右に述べたように、エピソード記憶がはたらくときには、その記憶情報を思い出している自分が意識される（第3章、第9章）が、この意味ではエピソード記憶には常にメタ記憶の存在があると考えてよい。

メタ記憶について、とくに記憶の発達に関する実証的な研究が現れたのは、一九六〇年代末から七〇年代にかけてのことであった。米国の心理学者フレーヴェルらが、子どもへの聞き取り調査などを通じて、宣言的記憶に関するメタ記憶のはたらきを子どもが積極的に使うようになるのは一〇歳ごろ以降であること、ただし、「知っていることに気づいている」という意味では一歳に満たない子どもでもメタ記憶がはたらくことを示唆し、手続き的記憶については、英国の心理学者アン・ブラウンらが、子どものメタ記憶の発達について、やはり七〇年代に研究を行っている。

メタ記憶は、気づき、意識、注意などの機能と深い関係がある。自分の心のはたらきに気づいたり、注意を向ける対象を意識したりする心の機能が、メタ記憶の基盤になるからである。メタ記憶や気づきなどの考え方は、いろいろな分野に応用できる。たとえば、自分で自分の学習のしかたをモニターする「自己モニタリング」や、自分で自分の学習のしかたを説明する「自己説明」、あるいは自分の知識を他の人に教えることを通して自分も学ぶ「教えることによる学習」など、学習や教育への応用も一九七〇年代から考えられてきた。

なお、メタ記憶も注意のはたらきも、意識のうえだけでなく、意識下の情報処理が強くかかわっている。注意のはたらきについては、ジェームズは一八九〇年に公刊された『心理学原理』に「注意とは何かということは誰もが知っている……」と書いているし、一九五〇年代の前半に心理学者のチェリーが提唱したカクテルパーティ効果(喧騒の中でも自分の名前のような自分に関係のある情報は聞こえる)や、第5章で触れたブロードベントのフィルター理論も、注意に関する研究のさきがけであった。

こうした知見のもとに、一九七〇年代になって、心理学者のトリーズマンらが、何かのモノが見えるときには、まず個々の視覚的な特徴に別々に注意が向けられ、その後でそれらの特徴が結びつけられて一体に見えるのだということを、巧みな実験によって示唆し、このような注意の情報処理モデルを特徴統合理論(feature integration theory)と名づけた。このモデルはその後、心のはたらきの研究者だけでなく、注意や実行機能のはたらきに関心をもつ脳神経科学の研究者にも大きな影響を与えることになる。

脳のはたらきに関連して付け加えれば、うつ病や不安障害の症状があると、注意のはたらきが弱まるとともに、判断が鈍る傾向がある。この原因が詳しくわかっているとはいえないが、ネガティブな感情が強くなると、注意のはたらきが低下して、処理できる情報が少なくなり、その結果、重要と思われる情報を記憶できなくなって意思決定を狂わせてしまうからだというのが、大筋では一つの考え方であろう。

イメージとその表現

トンネルの中を走る象の群れは、どんな走り方をするだろうか。この問題に答えようとすると、トンネルの中を象の群れが走っている視覚的なイメージを思い浮かべる人が多いだろう。ところが、実際にこんな光景を見た人はいないだろうから、記憶からまるごと想起したものではないに違いない。イメージは単なる外界の写しではなく、記憶や思考のはたらきを使って心の中に創り出される情報なのである。

実際、fMRIを用いた研究によれば、視覚イメージを思い浮かべるときには、視覚情報の処理に関与する後頭葉や側頭葉だけでなく、思考にかかわる前頭前野などが活性化されることがわかっている。

一九七〇年代になって、心の中に生成されるイメージの情報表現がアナログ的なものかそれとも記号的なものかという、イメージ論争と呼ばれる論争が起こった。心の中でのイメージの表現がアナログ的だとすると、心の中で連続的に拡大したり縮小したり、広角に広げたり、一部分に注意を向けてズームアップしたりすることができるはずである。この考え方は、私たちがイメージを思い浮かべるときの内省的な直感に合っている。しかし、何かの問題を解いたり、推論したりするために心の中でイメージを使おうとすると、イメージの特徴を抽出して記号的に表現することが必要になる。実際、心の中に立体を思い浮かべてそれを回転させようと思うと、立方体の頂点や対角線など、記号的な情報に注意を集中させることが多い。

イメージの情報表現に関連した研究として、一九七〇年代の初めに心理学者のシェパードらによって発表された、メンタルローテーション(心的回転)の研究がよく知られている。彼らは、二つの立体を二次元に投影した図を研究協力者に見せ、二つの立体が同じ形をしているかどうかを問う実験を行った。二つの立体は、三次元空間の中で回転させると重なる場合と、重ならない場合があるようにつくられている(図)。彼らは、問いに答えるための反応時間が(心の中で立体を回転させる)回転角にほぼ比例することを見出し、実際に心の中でイメージを回転させて重ね合わせる心のはたらきがあると主張した。

イメージ論争は、結局、イメージの表現にはアナログ表現と記号表現の両方があるということで鎮静化していった。実際、イメージのはたらきの特徴は、イメージをいろいろな表現方法で心の中に創り出し、いろいろな方法で操作できる点にある。人間は、同じイメージをアナログ表現でも記号表現でも処理することのできる、たいへん優れた心のはたらきをもっているのである。

心の中でイメージがどう表現され、どう使われるかという問題は、デザインや芸術、創造性、科学における発見などにおける思考のはたらきを解明するためにも、また夢や妄想などの情報処理について考えるためにも、たいへん重要である。とくに、イメージの情報処理がアルツハイマー病のような認知症、また統合失調症などの症状とどうかかわっているかは、大切な問題である。こうした点については第10章で触れる。

シェパードらのメンタルローテーションの実験．上下２つの図形は同じ形かどうかを判断する．

概念のプロトタイプ

人は、見たり聞いたりしたことを思い出そうとすると、もとの知覚情報をそのまま想起するよりも、概念によって切り分けたイメージを創り出す傾向がある。

風景画を見て時間が経ってから思い出そうとすると、もとの絵の情景そのものよりも、「右の上のほう」に「山」があり、山の「下のほう」に「川」があって、その川は山の「裾野」から「流れ出ている」というふうに、いろいろな概念と関係づけたイメージを心の中に思い浮かべることが多い。

概念とは何かという問題については、大昔から哲学において激しい議論が続いてきたが、この本では、心の中で思考、ことば、記憶のはたらきなどに使われる、ひとかたまりの意味をもった情報とみなしている。「花」、「運動会」、「日食」のような外界のモノ、できごと、現象を（一つひとつの花とか、この間開かれた運動会、去年の日食というような個別の事例ではなく）抽象化した情報、「無限」のような抽象的な情報、「赤さ」とか「親子関係」のようないろいろな性質や関係についての情報、さらには右のようないろいろな情報の集まり、たとえば「色」とか「植物」を概念と呼んでいる。

第6章でも触れたバーリンとケイによる基本色彩語の研究など、一九六〇年代以降、このような意味での概念によって周囲の環境をどう切り分けて心の中に表現しているか、つまり、カテゴリー化（情報をいろいろなレベルの概念に分類して表現すること、第3章）しているかという研究が盛んになった。

なかでも、一九七〇年代の初めに米国の心理学者ロッシュが提唱した、概念の「自然カテゴリー」と呼ばれるモデルは、概念についての心のはたらきを端的に示したものとして重要である。彼女は、パプアニューギニアのダニ族が、色彩語として黒と白に対応する二つの単語だけしかもたないのに、いろいろなモノの色を識別していることに注目し、共通の標準的な色によって外界の特徴を分類(カテゴリー化)しており、標準的でない色は標準の色からの違いをもとに識別されるからだと主張した。

そのうえでロッシュは、この考え方を色だけでなく多くの対象に広げ、人が世界を概念化して理解しようとするときには、基本カテゴリー、ないしプロトタイプ(原型とか典型という)と呼ぶ標準的な概念とそこから派生する概念(下位カテゴリー)、また基本カテゴリーの上位概念(上位カテゴリー)にカテゴリー化が起こるとする、自然カテゴリー(natural category)のモデルを提唱した。たとえば、多くの人が思い浮かべる標準的な「テーブル」の概念は、広くて薄い平らな四角い板がその下についた四本の足で支えられているもので、これがテーブルの基本カテゴリーにあたる。足が三本のテーブルや食卓もあるが、これらは基本カテゴリーから派生する下位カテゴリーの概念だと考える。また、「家具」という概念はテーブルの上位カテゴリーとみなすことができる。

ロッシュは、人は心の中で概念を扱うとき、まず基本カテゴリーを標準として情報の処理をする傾向があると主張した。彼女の考え方の特徴は、概念とは何かについて、昔から概念の定義とみなされてきた、対象に共通した性質の集まり（内包）や対象の事例の集まり（外延）を概念とみなす考え方を取らず、実際に人が世界をどう理解しているかについての実証的な研究に基づいているところにある。ロッシュによる自然カテゴリーのモデルは、実証的な研究が心のはたらきの本質を明らかにした例として、今なお光を失っていない。

文化の中の心

あるときふと、何気ない自分の動作が自分の親にそっくりなことに気づき、はっとすることがある。人は誰でも、自分が生まれ育った生活の場や地域社会に影響を受ける。とくに、その人が生まれ育った文化や暮らしてきた社会が心のはたらきをどう規定するかという問題は、心と社会の関係を考えるにあたってたいへん重要な問題である。

この問題を、記憶や思考のはたらきの新しい研究法を用いて多くの研究者が手掛け始めたのも、一九七〇年代のことであった。たとえば、心理学者のコールとスクリブナーは、知覚や思考の少なくとも一部分がいかに文化や社会によって形成されるかを研究し、一九七〇年代の前半に出版した一般向けの本にまとめている。

彼らは、リベリアの北西部に暮らすヴァイ族の教育方法に着目した。ヴァイ族には、英語を教える西洋式の学校に通っている子どもたちや、イスラム文化のもとでアラビア語を学んでいる子どもたちもいるが、その一方で、ヴァイ・スクリプトと呼ぶ独特の書法を家庭や地域社会で学び、身につけた知識をもとに生活をしている子どもたちもたくさんいる。

コールとスクリブナーは、数年にわたる観察を通して、ヴァイ族の人たちが彼ら自身の社会と文化のもとで産み出してきた独自の教育システムを分析し、世界には西洋流の教育システムだけでなく、多種多様な、それぞれに効果的な教育環境があると主張した。このような主張の源流をたどれば、子どもは大人たちの社会的な活動を内化することによって心の発達を遂げるとするソビエト心理学の考え方や、二〇世紀前半の西洋思想の潮流だった構造主義の基底にある文化相対主義に通じるところがある。

もう一つだけ例をあげよう。米国の技術者で人類学者になったグラッドウィンは、一九七〇年に出版した『東は大きな鳥』の中で、南太平洋に住む人々のもつイメージのはたらきを詳しく検討している。彼は、南太平洋のミクロネシアにあるカロリン諸島のプルワット環礁に滞在し、プルワットの人々がカヌーを漕いで大洋を渡り、遠くの島に到達するための航海術について研究した。

プルワットの人々が「大きな鳥」と呼ぶ星アルタイル(日本でいう牽牛星)は、彼らの島々では常に真東から昇ってくるため、アルタイルがいつも東に見えるように船を操れば、目標の方向を間違えずに航海できる。他にも、鳥の飛び方など、いろいろな知識を心の中で組み合わせる訓練を積むと、きわめて精密な認知地図を心の中に創り出し、操作できるようになる。グラッドウィンは、通常の米国人の視覚イメージがそこまで研ぎ澄まされていないことも観察し、思考やイメージのはたらきが文化に依存することを鮮明に描き出している。

心と環境

グラッドウィンは、米国に戻ってから、この章の初めに触れた『認知心理学』の著者ナイサーと共同で研究を行うようになった。ナイサーは、一九七〇年代に入って、知覚のはたらきが個人の心の中に閉じたものではなく、人と環境の間の相互作用であり、実験室よりも現実の世界に眼を向けるべきだと主張するようになっていた。

現実の世界での心のはたらきに関するよく知られた問題の一つとして、さきにも触れた「目撃者の証言」がある。一九七〇年代の後半、ロフタスらは、目撃者の証言に誤りが多く、しかも目撃者は自分の証言が正しいと信じていることが多いことを示し、こうした心のはたらきの原因が、事件を記憶するときや取り調べのときの状況によって想起のしかたが変わってしまうことによると主張した。目撃者が正しいと思って証言した事件の光景が実は真実ではなかったということが、かなり起こり得るというのである。

米国のニクソン大統領が辞任するきっかけになったウォーターゲート事件が起こったのは、

一九七〇年代前半のことである。ディーン補佐官の証言は、彼自身は嘘をついたという意識がなかったにもかかわらず、テープに録音されていた二人の会話の内容と異なっていた。この証言は、本人が意識していないにもかかわらず記憶情報が違った形で想起され得ることを世界中に示すとともに、大統領辞任のきっかけとなった。

心や脳のはたらきが個人と環境との「関係」の中にあるという考え方を、早くから先鋭的な形で提唱したのは、米国の心理学者ギブソンである。彼は、一九六〇年代に自ら進めた知覚の研究を踏まえ、一九七〇年代の後半にアフォーダンス理論を提唱した。ギブソンによれば、環境はその中で生きる生命体に対して情報の場を「アフォード」する。アフォードとは、提供する、与える、産み出すといった意味だが、ギブソンの主張は、生命体の活動や行為が特定の形で実現されるのは、そういうことが可能になる場を環境が提供しているからだ、ということであった。

たとえば、私たちは体をうまく操りながら道路を歩くが、それができるのは、歩くという行為を可能にする情報の場を道路という環境が提供してくれるからだと考える。この考え方によれば、心のはたらきは心の中にあるのではなく、環境と人間の関係の中にあるといったほうがよい。ギブソンのアフォーダンス理論は、人間と環境や機械との相互作用、建築や工学設計への応用などにも影響を与えた。

ベルンシュタインの能動的知覚の問題から始めて、記憶と知識、ことばの探究、そして社会や環境まで、話はずいぶん広がってきた。このあたりでもう一度、心の基本的なはたらきに焦点を当ててみよう。

思考の限界

私たちの記憶は、意識のうえではきわめて少ない数の情報しか処理することができない。しかも一日は二四時間しかない。したがって、夕食の献立を決めることからグローバル企業の経営判断まで、どんな意思決定にせよ、限られた情報を限られた時間で検討し、判断をくださなければならない。組織の意思決定では準備段階で多くの人がいろいろな検討をするが、それでも最終時点では、時間も情報もきわめて限られている中で、限られた量の情報しか扱えない作動記憶のはたらきをもとに、責任者が何らかの判断をしなければならない。

意思決定の研究者として初めてノーベル賞を受賞したサイモンは、人間の意思決定は、あらゆる情報と無限の時間を使って完全に合理的に行われるのではなく、情報と時間に厳しい限界がある中での「限定された合理性」によると考えた。彼は、一九四〇年代の前半に考えたこの概念をもとに、ニューウェルらとともに、発見的探索のモデル、手段—目標分析のモデル、記憶の判別木モデルなど、人間の思考や問題解決にかかわるたくさんの情報処理モデルを提唱していく。

発見的探索とは、考え得るいくつかの可能性の中から、論理的な規則ではなく蓋然的な指針によってどの可能性を追うかを暫定的に定め、これを繰り返して、最適とはいえなくても満足できる解を求めようとする意思決定の方法をいう。赤ちゃんがお母さんを探したりおもちゃを揺らしてみたりするやり方は、発見的探索そのものである。

また、手段—目標分析とは、問題解決の目標と現在の状態がわかれば、その差をできるだけ縮める手段を選ぶという目標(サブ目標)を立て、次にそのサブ目標と現在の状態の差を縮める手段を選ぶことを考える、というように、目標と現状の差を縮めることを入れ子のように繰り返し行う問題解決の方法のことである。

さらに、記憶の判別木モデルとは、記憶すべき情報を特徴に分解して、それらの特徴を木のような形をした判別木と呼ばれる構造にしていく記憶情報処理のモデルであり、いったん記憶した情報を忘れてしまったり、また思い出したりする忘却の現象を、シミュレーションによって実現することができる。

ニューウェルとサイモンは、二〇世紀前半のゲシュタルト心理学の成果を背景に、一九六〇年代から七〇年代にかけて、情報処理モデルを構成し、コンピュータシミュレーションによって実験データを説明するという、思考研究の新しい方法論を開拓した。記号で表現された情報の処理によるシミュレーションには、分散表現の情報が扱いにくいといった課題はあるが、彼らの成果は、今日に至るまで、思考のはたらきの研究を支える基本的知見の一つになっている。

熟達と学習

勉強でも習いごとでも、スポーツや芸術、専門の知識でも、初めて学ぶ人が専門家や熟達者になるまでに、どんな心のはたらきが作用しているのだろうか。この熟達の問題については、医療、科学、技術、スポーツ、音楽、プログラミング、経営者の意思決定、その他いろいろな知識やスキルの領域について研究が進められてきた。

人が熟達者になる過程はとても複雑で、それを科学的に解明するには、熟達することに意味があり、しかも知識の領域として構造が簡単な分野を選ぶ必要がある。そうした分野として長年使われてきたのは、チェスの熟達の研究である。すでに一九六〇年代に、オランダの心理学者デフロートが、熟達者は盤の上のコマが分散していても離れたコマを意味のあるかたまりとして理解しているが、初心者はコマをバラバラに見ていることを、発話プロトコル分析に基づいて指摘していた。こうした研究を踏まえ、一九七〇年代になると、心理学者のチェイスやさきにあげたサイモンらによって、チェスの熟達者の思考過程を実験と情報処理モデルによって説明する研究が急速に進むようになった。

なお、チェスの熟達の研究は、思考のはたらきの解明だけでなく、チェスのコンピュータプログラムの開発にも影響を及ぼすようになった。一九九六年、チェスの世界チャンピオンだったカスパロフがコンピュータのプログラムに初めて一ゲームだけ敗れたできごとは、こうした潮流の一つの区切りになった。今日では、チェスよりも手数の多い将棋についても、プロ棋士に拮抗するプログラムがつくられている。ただし、チェスや将棋のプログラムに組み込まれた手法の大半は、大量の対局データの特徴を機械で分析した結果を使ったり、単純な探索法を超高速で繰り返すもので、一局全体の流れを感じながら遠く離れたコマの間の関係を眺めるような、プロ棋士の思考のはたらきを反映しているとはいえない。

初心者が熟達者になるには、単にたくさんの知識を覚えるだけでなく、思考の方略自体を学習することが大切になる。熟達者たる所以は、博識なだけでなく、臨機応変にどうやって考えればよいか、思考の方法を熟知し、前の項で述べた「思考の限界」をある意味で超えるところにある。このため、思考の方略がどのようにして学習されるのかという問題は、思考のはたらきを解明するカギになる。安西とさきにあげたサイモンは、一九七〇年代の末に、発話プロトコル分析による実験とコンピュータシミュレーションを併用して「人は思考の方略をどのようにして学習するか」についての理論を提唱し、学習と熟達の研究に新しい方向を拓いた。

思考のバイアス

作動記憶に限りがあるとはいえ、私たちは、慎重に熟考しようとするならある程度合理的に思考することができる。しかし、日常の生活でそんなに深く考えているかというと、そんなことはない。あまり時間を使わず、深く考えずに判断をするのがふつうである。

こうした日常の判断では、誰もが「思考のバイアス（偏り）」と呼ばれる思考のワナに陥りやすい。たとえば、人は、不確定性のもとで何かの判断をするとき、確率や統計の計算をして決めるわけではなく、すぐに思い出せる利用可能な情報を使って、合理的というより蓋然的、発見的に意思を決めてしまう傾向がある。たとえば、優しい女性(男性)としかつきあったことのない男性(女性)は、すべての女性(男性)が優しいと思ってしまう。このような意思決定のしかたを、利用可能性ヒューリスティック(ヒューリスティックは発見的方法のこと)という。

また、確率的な推論によって合理的な判断を行うことができる場合でも、そんなことはせずにむしろ代表的な例を思い出し、それにあてはめて判断をする傾向がある。たとえば、スポーツで世界選手権に出場しながら学業でもトップクラスだった学生が銀行に就職した。彼(彼女)が銀行員として活躍している確率と、銀行員として活躍しながらスポーツでも活躍している確率ではどちらが高いかと尋ねると、後者と答えてしまう人が結構いる。思考のこうした偏りは、代表性バイアスと呼ばれる。

右のような思考のはたらきの本質的な特性を一九六〇年代から七〇年代にかけて次々と明らかにし、人間の意思決定が合理的判断に従わない場合があることを示して、その後の研究だけでなく人間観に大きな影響を与えたのは、心理学者のトゥヴェルスキーとカーネマンである。

彼らはさらに、プロスペクト理論と呼ぶ、経済学でいう効用にかかわる心のはたらきの理論を一九七〇年代の末に発表、経済学の理論では、一〇〇万円の利益と比較されるのは一〇〇万円の損失であるかのように、利益と損失が対称的に扱われているが、実際には、人は損失を取り返すには大胆な賭けをし、利益を得るには控えめな判断をする傾向があることを、実験と理論によって指摘した。

トゥヴェルスキーらの研究によって、経済学が長く用いてきた理論は心のはたらきに合致していないことが明らかになり、ミクロ経済学の一部ではあるが、心のはたらきが経済のしくみに直接関与していることが端的に示された意味は大きい。トゥヴェルスキーは一九九六年に亡くなったが、カーネマンは二〇〇二年にノーベル経済学賞を受賞している。

思考のはたらきが形式論理に従わないようにみえる現象を指摘した研究は、他にもたくさんある。たとえば、一九六〇年代の半ばに心理学者のウェイソンが実験によって示唆した「対称性バイアス」は、「PならばQであるとき、人は(そうとは限らないのに)PでなければQでないと考えてしまいがち」という、論理の対称性に関する思考のバイアスである。「あなたが幸せならば私は幸せ」だからといって「あなたが不幸ならば私は不幸」とは限らないが、人は深く考えずにそ

う思い込みがちなのである。

また、一九七〇年代から八〇年代にかけて、米国の認知心理学者ゲントナーやホルヨークなどの研究者が進めた、類推による推論、経験から身につけた図式（スキーマ）による実践的推論などの研究も、思考のはたらきの非論理的な特徴をとらえようとするものであった。

これらの研究は、人が往々にして問題の背後にある重要な情報を把握しようとせず、外から知覚できる表面的な情報に左右されがちなこと、情報不足や時間の不足のなかで意思を決めるときには非合理的な思考をしてしまう傾向が強いことを露わにしていった。噂や口コミ、断片的な報道をそのまま鵜呑みにする心のはたらきが誰にでもあること、それが思考のバイアスとしていろいろな形で現れることが、こうした研究を通して明らかになってきたのである。

心の発達と情報処理

作動記憶によって処理できる情報の量には厳しい限界があるにもかかわらず、子どもでも心の中で複雑な情報処理が行えるのはなぜだろうか。その理由は、いろいろな情報をまとめて意味をもった情報のかたまりを創り出したり、記憶や思考のための方略を身につけたり、知識だけでなくその使い方を学習することができるようになるからである。また、作動記憶によって扱われる情報の量はそれほど変わらなくても、右のようなやり方によって情報の中身を構造化し、複雑な内容を含めることができるようになってくるからである。

作動記憶に限らず、広く子どもの心の発達が情報処理の面から解明されるようになったのも、一九七〇年代のことである。そこには、それまでの発達研究を超えようとする努力があった。

子どもの心の発達について二〇世紀半ばまでに得られた最も大きな成果の一つは、ピアジェとその共同研究者たちが主張した発達段階説であった。ピアジェらは、生後すぐから一〇歳過ぎに至る子どもについて、思考や記憶のはたらきから感情や社会性に至るさまざまな心のはたらきを観察し、多くの子どもたちの心が同じような段階を経て発達することを見出した。この発達段階説を批判的に再検討した心の発達の研究が現れたのは、一九七〇年代にかけてのことになる。

ピアジェ学派の研究の基本にあった、子どもの心の構造が発達によってどう変化していくのかという問題を、情報の概念をもとに再検討していく研究が、一九七〇年代から八〇年代を通じて枚挙にいとまのないほど現れ、急速な発展を遂げた。これらの研究は、総じて新ピアジェ学派のアプローチ(Neo-Piagetian approach)と呼ばれる。

もともとのピアジェ学派の発達段階モデルは、知覚のはたらきをもとに思考する原初的な思考の段階から、抽象的な論理操作を心の中で組み合わせて知覚できないことまで考えられるようになる抽象的な思考の段階まで、いくつかの論理操作の発達段階を想定し、子どもの心の発達は基本的にこの段階を経ると主張したモデルである。

これに対し、新ピアジェ学派は、心の発達がどのようにして各段階を経ていくのか、子どもによって個人差があるのはなぜか、思考や社会性などいろいろな心のはたらきごとに段階の進み方が違う場合があるのはなぜかなど、ピアジェ学派のモデルに対する建設的な批判から出発した。そして、心の中での作動記憶の容量の発達、思考や記憶の方略の発達、情報表現の発達などの考え方をもとに、発達がいろいろな心のはたらきの相互作用によって起こるとする情報処理の考え方を積極的に取り入れ、心の発達を情報処理の面からとらえる新しい見方を確立していく。教育の場に浸透していたピアジェ学派の教育観と異なる、個々の子どもの発達に眼を向ける考え方を導入したことや、子どもの思考のはたらきがピアジェ学派の考えていたよりも早くから現れることを見出した点なども、新ピアジェ学派の貢献であった。

ただし、心の発達が不連続的な段階を経るとするピアジェ学派のモデルと、さまざまな心のはたらきの相互作用によって起こるとする新ピアジェ学派の考え方は、互いに矛盾するものではない。不連続な段階に見える発達の現象を近くに寄って詳しく見ると、いろいろなはたらきの相互作用が発達の段階をもたらすことが見えてくると考えるべきである。ピアジェ学派と新ピアジェ学派の違いは心の発達に対する見方の違いであり、これらを融合したモデルを産み出していくことが、発達の探究に新しい道を拓くことになるだろう。

新ピアジェ学派があげたたくさんの成果は、第6章に述べた赤ちゃんの知覚の研究などととと

ユレシュによるランダムドット・ステレオグラム．左眼で右の図を，右眼で左の図を見て，それらが重なるように眼の焦点を合わせると，中央に小さな正方形が浮かんで見える．

もに、その後の発達研究を支えていく。とくに、生まれてまもなくの赤ちゃんにも人としての素晴らしい心のはたらきが潜んでいるという考え方を心の探究の正面に据えたことは、一九六〇年代から七〇年代を経て八〇年代に至る発達研究の最大の貢献だったといえるだろう。

視覚の不思議

一九七〇年代には、それまであまり知られていなかった視覚の不思議なはたらきが人の口にのぼるようになった。ここでは、そのうち三つの代表的な例をあげよう。

第一の例は、ハンガリー生まれの生理心理学者ユレシュが一九六〇年代初めに発見し、一九七一年に著書を出版して多くの人々に知られるようになったランダムドット・ステレオグラムである(図)。内側を黒か白の小さな四角でランダムに埋めた、まったく同じ二つの正方形を並べて紙に描く。次に、そのうちの一つについて、中央に小さな正方形を考え、その小正方形の内側の小さな黒白の四角だけを、ひとマス分だけ左（あるいは右）にずらす。つまり、二つの正方形は、中央にある小正方形の部分に含まれた黒白の小さな四角がひとマス分ずれているだけで、他の部分はまったく同じである。

こうしておいて、左眼で右の正方形を、右眼で左の正方形を見ながら、両方の正方形がちょうど重なるように眼の焦点を合わせる。すると、中央の小正方形が手前に浮かんで見える。左眼で左を、右眼で右を見て同じようにすると、今度は小正方形が沈んで見える。

この現象がなぜ起こるか、多くの研究者によって情報処理メカニズムの解明が試みられた。たとえば、「説明のレベル」（第4章）を提唱したマーは、二つの眼の方向がつくる角度（両眼視差）に対するいくつかの制約条件を仮定して、なぜ起こるかを計算論のレベルで説明している。

二番目の例は、米国の工学者でポラロイド写真の発明者でもあるランドが発見した、色の恒常性（第3章）の現象である。ランドはこの性質を一九五〇年代の末に発見し、彼の同僚だったマッキャンとともに、一九七一年に発表した。

ランドらは、色のついた紙に赤、青、緑の照明を混ぜて当て、照明の強度をいろいろ変えても紙の色はほぼ変わらずに見えるという実験を行い、色の恒常性の現象を実験的に示すとともに、なぜこうした現象が起こるかを計算論のレベルで説明した。レティネックス理論と呼ばれる彼らの理論は、その後コンピュータによる視覚情報処理のアルゴリズムに用いられるようになった。

第三の例は、スウェーデンの心理学者ヨハンソンが一九七〇年代の初めに発表した、バイオロジカルモーション(第3章)である。ヨハンソンは、人の肩や尻や膝などに一〇個あまりの電球を取りつけ、電気をつけたまま、暗闇の中で歩いたり、走ったり、踊ったりする映像をつくった。暗闇の映像だから人の体は見えないが、体に着けられた電球の光の動きは見える。この映像を人に見せると、光の動きを見た途端に、人間が運動をしているように知覚される、というより意識せずにそう見えてしまう。映像を見る時間が〇・一秒程度の短時間でも、人が運動しているように見える。

その後、生後四カ月から六カ月ぐらいの赤ちゃんでも、バイオロジカルモーションが人の動きに見えることがわかってきた。また、一九八〇年代の後半には、前に述べたように顔の表情の知覚にかかわるといわれる上側頭溝付近の神経系がバイオロジカルモーションの知覚に関与していることも示唆されるようになった。

この現象を計算論のレベルで説明するには、光の点の運動ベクトルの集まり(オプティカルフロー)が脳の中で処理されることによって人の動きが知覚されると考える。しかし、こうした知覚の理論だけでは、どうして動きだけでなく「人間」の動きが見えてしまうのかということには答えられない。

バイオロジカルモーションから「人間」を感じ取る心のはたらきには、他者の動きを迅速に感じ取る社会性のはたらきが含まれていると考えるべきである。しかもこれが心の発達の早い時期から現れる。こうした点は、顔の表情を感じ取るはたらきと同様であり、人の心が他者を感じ取る特別のはたらきを備えていることの現れだと考えることができる。

「認知科学」の誕生

一九七〇年代にはさらに特別のできごとも起こった。それは、「認知科学」ということばが初めて公に使われたことである。

認知科学ということばを初めて使ったのは、英国のロンゲット＝ヒギンズ卿だったといわれる。彼は、一九七三年に刊行された英国政府の報告書の中で、機械を用いた知能の研究が人の思考や知覚の探究に役立つことを主張し、数理科学、言語学、心理学、生理学の諸分野が統合的にかかわる学問領域を提唱して、認知科学(cognitive science)という呼び名をあてた。ロンゲット＝ヒギンズはケンブリッジ大学で理論化学を講じた高名な物理化学者だったが、認知科学の研究に転じて一九六七年に機械知能・知覚学科の共同創設者としてエジンバラ大学に移り、その後音楽やリズムの認知科学を研究した人である。

また、一九七〇年代の後半には、米国のスローン財団が、ちょうど終了した神経科学の研究プログラムの後継ぎとして、認知科学の研究資金をいくつかの大学に提供するようになった。財団に提出された研究提案書には「認知科学——一九七八年」という表題がつけられている。単行本の表題に認知科学という用語が使われ始めたのも、七〇年代半ばのことである。

一九七〇年代は、心理学、神経科学、言語学、そして情報科学の分野をリードしていたハーバード、マサチューセッツ工科大学、スタンフォード、カーネギーメロン、エジンバラの各大学など、世界の代表的な研究拠点で情報の概念や情報科学の方法論が体系的に活用され、こうした拠点の活動を中心として、認知科学の知的営みが世界に広がりはじめた時期に当たる。とくに、心と脳のはたらきを解明するためには情報の表現と処理という新しい考え方が重要であることが、縦割りの学問分野を超えて共有されるようになった。今日の認知科学の底流にある概念の多くは、この当時の研究の発展によってもたらされたと言ってよいだろう。

第8章　進　化——一九八〇年代の展開

一九八〇年代に入ると、世界各地に認知科学の優れた研究拠点がたくさん生まれていく。日本もその一つであった。探究のテーマや方法が急速に広がり、認知科学の名のもとに、多種多様な考え方をもった研究が世界中で展開されるようになる。

その一方で、世界をリードしてきた研究者たちから見れば、認知科学も新たな進化を遂げるべき時代を迎えつつあった。長い間の集中的な研究によって大きな成果があがった反面、新しい考え方や方法を見出すことが少しずつ難しくなってきたからである。この章では、こうした八〇年代の展開を追いながら、次の第Ⅲ部で述べる新しい時代に思いを馳せてみよう。

脳の情報処理について、一九八〇年代までに最も研究が進んだのは視覚系である。

視覚—心から脳へ

一九八〇年代後半に発表された米国の神経科学者リビングストンとヒューーベルの総説は、形や色、運動、立体視などにかかわる情報が、脳の中で早くから別々に処理されていることを、神経科学や心理学の多彩な成果を総合して示唆したもので、彼らのモデルは、その後の心と脳の探究に大きな影響を与えた。

このモデルについては第3章でも触れたが、外界の情報が眼に入ったばかりの網膜のところから、形や色の情報が動きの情報とは別の種類の細胞によって処理され、脳幹から後頭葉にかけても別々の神経経路をたどるモデルになっている。

また、神経科学者のアンガーライダーとミシュキンは、一九八〇年代の前半、網膜から後頭葉の一次視覚野に送られた視覚情報のうち、体の動きや位置などの情報は二次視覚野、MT野などから大脳皮質の背側を通って頭頂葉の後部に伝わるが、形や色などの情報は二次視覚野、V4野などから大脳皮質の腹側を通って側頭葉の下部に伝わると主張した。ミシュキンらのモデルも、今から見ればおおまかではあるが、現在に至るまで大きな影響を与えている。

後頭葉の一次視覚野や頭頂葉の体性感覚野に、少しずつ違った方向の情報に少しずつ違った場所の細胞が反応する「反応選択性」があることは、第5章で触れたように古くから見出されていたが、一九八〇年代になって、英国の神経科学者ゼキが、サルの後頭葉V4野に、見ている色の波長が少しずつ違うと神経細胞の反応個所が少しずつ異なる、色の反応選択性をもたらす神経細胞群を発見した。

さきに述べたバーリンとケイによる基本色彩語のモデル、ロッシュによる自然カテゴリーのモデルに、ゼキの発見が加わったことで、色に関する心のはたらきについて、社会、心、脳の三つの面からの知見が出そろったことになった。第2章の冒頭にあげた「虹の色はいくつ見えるか」という問いの答は、こうして得られたのである。

脳の中の情報表現再考

視覚神経系の研究が急速に進展したことによって、脳の中で情報がどのように表現されているかという問題についても、多くの発展があった。前章でポピュレーションコーディングやスパースコーディングについて述べたが、これらの情報表現は、基本的には神経細胞やシナプス結合の活動電位の大きさに基づいている。これに対して、一九八〇年代にかけて、まったく別の考え方が現れるようになった。

とくに、近くにある複数の神経細胞が活動電位を発する電気パルスの共振によって細胞間の情報伝達が起こるという現象が、神経科学者のグレイとシンガーによるネコの視覚野のコラム構造を用いた実験を通して、八〇年代の後半に見出された。この発見も手伝って、脳波のような昔から行われていた手法だけでなく、個々の神経細胞から発生するパルスの周波数成分を情報の表現とみなす考え方が起こり、脳神経細胞の挙動を遺伝子レベルで探る研究の発展と相まって、今日に至るまで活発な研究が進められている。

こうした研究の軌跡は、脳という複雑な情報処理システムのはたらきを探究するにあたって、脳の中で情報がどう表現されているかという問題が決定的に重要であることを示している。

モジュール性と相互作用

第4章で述べた「説明のレベル」の枠組みによる視覚系の理論をマーが提唱したのは、やはり一九八〇年代初めのことである。このとき、もう一つ彼が主張した点があった。それは、視覚のはたらきは他の心や脳のはたらきとはまったく別のものとして解明できるということである。こうした考え方を、心や脳のはたらきの「モジュール性」(カプセル化、区画化とも呼ばれる)という。

この本で何度も述べてきたように、心や脳のはたらきはいろいろな機能の相互作用によって現れるもので、たとえば、思考は記憶やイメージ、感情と切っても切り離せない関係にある。しかし、その一方で、科学の研究では対象を限定できることが大事で、それができないと、現象に何が影響しているのかがはっきりせず、何が原因でその現象が起こっているのかを確定することができない。つまり、科学には対象のモジュール性が不可欠である。

マーは、視覚についてはモジュール性が成り立つから科学の対象になると主張した。やはりこの本で述べたように、言語のはたらきは他の心の機能とは独立したものだというチョムスキーの考え方も、言い換えれば、言語のモジュール性を主張するものである。

しかし、この本で描いてきたように、心や脳のはたらきは、たとえば能動的知覚(第6章)、言語と知覚や思考との深い関係(第7章やさきに述べた虹の例)など、視覚や言語といえども他のいろいろな機能と深くかかわっていて、モジュール性を保証するどころではない。

科学の方法に関するこうした議論は、心と脳の科学を進めるうえでたいへん重要である。モジュール性の問題も、一九八〇年代にかけて、哲学者も巻き込んで多くの議論を呼び起こした。

しかし、現実にこの問題を解決したのは、認知科学自体の発展であった。つまり、一九八〇年代の後半から脳の活動の計測技術が急速に進展し、研究者の関心は、心と脳の関係を脳の中のさまざまな活動から推測することに向かった(第9章)。その結果、この本で述べてきたような、心と脳のはたらきをいろいろな機能の相互作用とみなす考え方が主流となり、モジュール性の議論は相互作用の議論のなかに埋め込まれていったのである。

モジュール性の考え方は科学の基本である。しかし、何をモジュールとみなすかはその時代ごとのモノの見方や方法論に依存する。一九八〇年代以降今日に至るまで、いろいろな心のはたらきの相互作用というモデルをもとにして、視覚や言語だけでなく、思考、感情、社会性のはたらきから学習、発達の過程まで、心と脳の関係を明らかにしてきたのは、認知科学の大きな貢献だったのである。

コネクショニズム

一九七〇年代の中ごろまでには、脳の神経系をたくさんの小さな要素システムが互いに結合した超並列の情報処理ネットワークシステムとみなす、という考え方が定着するようになった。さらに、こうした脳神経系のモデルからの類推で、大量のアナログ情報をネットワークのうえに分散的に表現することによって、記号表現によるモデルでは苦手な知覚、運動、類推などの心のはたらきを説明する、分散表現モデルが提唱されるようになった。一九八〇年代にかかるころから提案され始めたこのようなモデルを「コネクショニストモデル」と呼ぶ。（とくに心のはたらきを考えるときにこのことばを使い、脳の場合は神経回路網モデルと呼ぶことが多い。）また、心の中で処理される情報の表現が記号表現ではなくアナログ情報の分散表現だと主張する考え方を「コネクショニズム」という。

たとえば、パソコンや携帯のキーを打つときには、少しだけ違った打ち間違いをすることが多い。また、少しだけ違う綴りの単語は少しだけ違う発音で読まれることが多い。こうした行為は、意識のうえでの思考や言語のはたらきと違って、記号表現モデルでは説明しにくいが、コネクショニストモデルならコンピュータシミュレーションによって説明することさえできる。

前章で述べたように、人間の知識を記号によって表現することがきわめて困難であることが、一九七〇年代の末にはわかり始めていた。このことが、アナログ情報の分散表現に基づくコネクショニストモデルの出現を後押ししたのである。実際、認知科学者のラメルハートとノーマンがタイプやピアノのような速い指の動きをする行為のし間違い（アクションスリップ）を、またラメルハートと心理学者のマクレランドが読みの似ている単語を読む過程を、コネクショニストモデルを用いたシミュレーションによって説明したのは、一九八〇年代初めのことであった。

一九八〇年代を通して、ラメルハートやマクレランドらを中心としたコネクショニズムの研究は急速に活発になり、数理的にも洗練されていった。たとえば、一九七〇年代に数理科学者の甘利俊一によって収束性が証明された誤差逆伝搬学習のモデル(パーセプトロン(第5章)を一般化した神経回路網モデル)は、八〇年代になってコネクショニストモデルに広く応用されるようになった。また、八〇年代の前半には、物性物理学からヒントを得たコネクショニストモデルが数理的にも洗練された形でいくつか提案されるようになる。認知科学に関心をもった物理学者などの貢献によるもので、彼らの関心は脳の動的システムモデルにも広がっていく。

コネクショニズムに基づく研究が進展するにつれ、記号表現モデルを用いていた研究者との間で、モデルの妥当性についての論争が起こるようになった。心理学者のエルマンのように発達研究へのコネクショニズムの貢献を是とする人々と、コネクショニストモデルは言語の研究には役立たないとする認知科学者ピンカーのような人々の間で、一九九〇年代にかけて白熱した論争が行われた。

コネクショニストモデルのような分散表現を用いた情報処理モデルは、知覚や運動をはじめ、意識下で情報処理が起こると考えられる心のはたらきを説明しやすい。しかし、多数の数値パラメータを含むために、どんな現象をもってきてもある程度は説明できてしまう。その一方で、記号表現モデルは、意識のはたらきとともに起こる思考や言語の直列的な情報処理は説明しやすいが、意味の類似性やあいまいさを伴う現象については説明しにくい。

二つのモデルの弱点を乗り越えた情報処理モデルは、まだ現れているとはいえない。この点を乗り越え、記号を使う心のはたらきとそうでないはたらきが意識のうえと意識下でどう相互作用しているのか、とくに、人が知覚や運動の機能をはたらかせながら、その一方で記号によってことばを操れるのはなぜかという問題に答を与えることは、多くの認知科学者が挑戦してきた主要な課題の一つである。

知識はどのように得られるか

心のシステムに入力される新しい情報は、どのようにして「知識」になっていくのだろうか？　この問いは、知識がいかにして心の中に生まれてくるかという、教育や学問においてだけでなく、日頃からいろいろな知識やスキルを使って生活している私たちにとっても大切な問いである。

体を動かしたり、本を読んだり、人の話を聞いたり、いろいろな体験を通して心の情報処理システムに入力される情報は、入力されるときの状況や文脈に応じて、すでに保持されている既存の情報といろいろな意味関係(因果関係、共有関係、手段—目標の関係など)によって結びつけられ、記憶に保持される。

記憶に保持された情報は、さらに体験を積むことで得られる新しい情報と一緒になって自らの構造を変えていく。また外から得られる情報がなくても、記憶された情報は思考のはたらきによって構造を変え、また抽象化や一般化が起こっていく。

知識を得るということは、右のような情報処理の繰り返しである。意味関係によって構造化された記憶情報が現実のいろいろな状況に応じて適切に利用できるようになったとき、私たちはその情報のことを「知識」と呼ぶのである。

たとえば、算数の計算を学ぶ子どもは、教室やドリルで勉強したことを、お使いに行ったり、友だちとおはじきの貸し借りをしたりする体験と結びつけ、算数の計算法を自分のものにしていく。こうした活動を繰り返して、初めて自分自身の算数の知識が心の中に創り出される。

右にあげたような、知識が心の他のはたらきや外界との相互作用を通して構成されていくという考え方は、知識の構成主義と呼ばれる。構成主義といっても、研究の方法には、知識が構成される心の中の過程を実験やシミュレーションなどによって綿密に分析する方法から、生活や学校の場の観察を通して理解しようとする方法まで、いろいろなアプローチがある。とりわけ、知識は社会や文化の影響のもとで構成されていくという考え方は、社会構成主義的知識観と呼ばれ、とくに人類学に近い研究者の間に波及していった。

心の発達と知識

知識は外界との相互作用を通じて心の中につくられる。そうだとすると、人それぞれ体験のしかたは千差万別だから、得られる知識の構造や内容や表現もバラバラになるはずだが、そうはならない。誰もが似たような構造の知識を身につけていくことを「知識の構造化可能性」と呼ぶが、この性質は心のはたらきの大きな特徴である。

また、体験のしかただけでなく、記憶される情報、学習のしかた、知識の身につけかたにはほとんど無限の可能性があり、したがって子どもそれぞれに発達の方向はバラバラであっていいはずである。ところが、誰もが多かれ少なかれ同じような発達の過程をたどる。この問いに対して、昔は遺伝と環境の相互作用によるものと言い切ることが多かった。また、脳のはたらきを調べればこうした問いにも答えられると考える向きもある。しかし、ことはそう単純ではない。問いのフタを開けて中を覗いてみると、その中には、心の探究に深い関係のある課題がたくさん隠れていたのである。

子どもが（大人でもほとんど同じことだが）知識を身につけていくとはどういうことか、この問いに対して、一九八〇年代以降、ピアジェ学派と新ピアジェ学派（第7章）の後を受けた研究が急速に展開された。

第一に、知識を構造化するのは思考のはたらきであり、とくに思考の方略が重要であるが、その思考方略自体が学習され、発達していくという考え方が発展した。たとえば、賢いといわれる人に比較的共通しているのは、型にはまった思考や注意の枠の外側に出てモノを考える方略を身につけていることである。こうした方略がいつどのようにして身につくのか、それは創造性とも関係する興味深い問題である。

第二に、知識は構造化された記憶情報の集まりであるが、その集まりが知識の領域ごとに（重なる部分はあるが、基本的には）分かれているという考え方が発展した。たとえば、国語の知識と算数の知識は、国語と算数という別々の領域で使われる、別々の記憶情報の集まりだと考えられる。この考え方を知識の領域固有性(domain specificity)というが、知識が領域固有性をもつことは、ある領域の知識を身につけても、その知識を別の領域に応用するのは簡単ではないということである。別の言い方をすると、特定の領域の知識を学ぶときに別の領域の知識が邪魔をすることはない、ということでもある。国語の知識を学べばその応用で算数が学べるかというと、そうはいかない。また、国語を学ぶのに算数を学んだことが邪魔にはならない。

第三に、子どもたちの発達の過程が多少違っていても、どの子もだいたい同じように概念やことばの意味を身につけるのはなぜかという問題に対して、心のはたらきの「制約」という考え方が浮上してきた。人は、あらゆる経験を経て概念やことばの意味を身につけていくわけではない。子どもは、ほんの少しの事例を経験しただけで、一足飛びにそれらを一般化して、概念やことばの意味を一つに絞ることができる。たとえば、「あれはイス」、「それもイス」と事例を与えられると、もう「イス」の概念やことばの意味を察して、新しく見せられた別のイスを「イス」と呼ぶことができる。発達における制約とは、事例を一般化する可能性は無限にあるのに概念やことばの意味を限定することができる、その心のはたらきのことであり、「バイアス」(偏り)と呼ぶこともある。

発達における制約のはたらきはいろいろ考えられる。「あれはネコだ」と言えば、そのネコの尾だけでなく全体を指していることが誰にでもわかる(事物全体制約)。あれがネコなら家のネコもネコと言うが、ネコをイヌとは呼ばない(事物カテゴリー制約)。あれをイヌと呼ぶなら、同じ対象をネコとも呼ぶということはない(相互排他性制約)。また、形が似ているモノを同じ名前で呼ぶこと(形の制約)や、一つのモノには一つの意味や名前が対応すること(一対一対応の制約)なども、制約のはたらきである。

なお、一対一対応の制約は数の概念を身につけるのにも役立っている。一つのモノが「いち」、二つのモノが「に」、三つのモノが「さん」という数の名前に一対一に対応すると想定することで、子どもは具体的なモノの世界から抽象的な数の概念の理解に踏み込むことができる。

制約の例はさらに他にもある。たとえば、時間的に少しずれて起こる二つの現象を原因と結果の関係とみなす「因果関係の制約」によって、子どもは経験したことのない現象を因果関係の意味をつけて理解することができる。

大事なことは、こうした制約がお互いに無関係に発達に寄与しているのではなく、発達の過程で特定の制約だけが使われたり、複数の制約のはたらきが相互作用したり、複雑に関係し合う点にある。子どもは、こうした心のはたらきを発揮することによって、難なくモノにただ一つの名前をつけ、外界の情報を概念やことばの関係によって意味づけることができていく。

第四に、概念の表現が心の中でどのように変わっていくかという問題、つまり「概念の変化」の問題が関心を集めるようになった。たとえば、「重さ」の概念について、モノを持ってみて重ければ重さが大きいと理解する、自分が原因になった因果関係や身体のイメージに基づいた表現、重さのあるモノを上空に投げたときに落ちてくるのは地球の引力によるものだという、素朴な力の概念をもとにした表現、さらに、質量に重力係数を掛けた値が重さだという、ニュートン力学に基づく抽象的な概念の表現など、「重さ」という概念が心の中で表現される方法はいろいろある。知識の中でも大きな範囲を占めるいろいろな概念の表現がどのように発達していくかという問題もまた、知識を身につける過程を理解するうえで大事な問題である。

右に述べたように、一九八〇年代という時代は、子どもの心の発達を考えるのに「知識」に関することが急浮上した時代であった。第Ⅱ部を通して述べてきたように、こうした関心の背後には、一九五〇年代以来の認知科学の発展の結果、八〇年代になるころには知識やその表現への関心が高まっていたという時代の流れがある。研究もまた時代の子なのである。

素朴理論

子どもの知識に関連した具体的な問いを一つ考えてみよう。生きものの世界、他者や自分の心のはたらき、あるいは物理的な環境を、子どもはどう理解しているのだろうか。それぞれについての理解のしかたを、素朴生物学、素朴心理学、素朴物理学と呼び、これらを含めて一般に「素朴理論」という。素朴理論とは、科学の知識に基づく理論ではなく、経験をもとに、自分なりに整合的に心の中につくりあげた素朴なモノの見方のことである。

以下では子どもの心にある素朴理論について述べるが、大人もまた(間違っていることもたくさんある)素朴理論を心の中に知識としてもち、それを通して生命や人間や心や環境を理解していることが多い。素朴理論を社会的な知識にまで広げて考えれば、蔑視や媚のような社会性の感情が、他人をプロトタイプ(第7章)によって評価してしまうような素朴理論から生まれることも頻繁にある。

子どもの素朴生物学について例をあげれば、一九八〇年代の半ば、心理学者のケアリーが、人間や犬やみつばちの絵を用いた推論の実験をもとに、四歳から六歳の子どもは、動物を別の生物としてではなく擬人的に理解する傾向があると考えた。これに対して、波多野誼余夫と稲垣佳世子は、子どもはケアリーが考えるよりも早くから生きものを生物として理解すると主張した。とくに、六歳から八歳の子どもについて、金魚を育てていない子どもは金魚のことを擬人的に理解するが、金魚を育てている子どもは生物として理解する傾向があることを示唆し、生物学的な知識の発達が生活環境や文化に依存し得ることを示している。

他者の心を読み取ること、つまり素朴心理学について、今日に続く影響力をもった考え方を主張したのは、霊長類学者のプリマックと心理学者のウッドラフである。彼らは、一九七〇年代の後半に、取りにくいところにあるモノを取ろうとしたり、道具がなかなか使えずに困っていたりする人間のビデオを見たチンパンジーが、その人の問題を解決する手段を推測できることを見出し、チンパンジーも他者の心の中にある目標やそのための手段を理解できると主張した。彼らは、意図、信念、疑い、相手が好きかどうかといった、他者の心の状態を予測する心のしくみを心の理論(theory of mind)と名づけている。

その後、他者と自己の関係のような社会性のはたらきが研究されるようになるとともに、自分の心を読み取る心のしくみも心の理論のうちに含まれるようになる。心の理論についてはこの章の後半であらためて述べる。

素朴物理学については、とくに理科教育の分野で多くの研究が行われてきた。たとえば、ニュートンの法則によれば力＝質量×加速度だが、これは真空中のことで、現実の世界では空気や水の粘性のために、力＝質量×速度と考えたほうがデータに合う傾向がある。この疑似的な法則に基づく素朴物理学は、創始者の名を冠してアリストテレス物理学と呼ばれる。アリストテレス物理学のほうを自然に受け入れる子どもたちにニュートン物理学の知識をどう教えるべきかという問題は、昔から理科教育の基本的課題の一つであった。学習の過程で心の中の知識がどう変化するかという問題は、前の項で述べた概念の変化の問題と深い関係にある。

ボールを投げるとどうなるかといった物理的な現象を考えるときに、素朴なモデルを心の中に思い浮かべるのは、子どもだけではない。大人でも、自然現象のしくみを考えたり、何かの問題を解くときには、思考のはたらきを助ける素朴なモデルを心の中に表現することが多い。

こうした考え方が、次に述べるメンタルモデルという概念の基礎になった。

メンタルモデル

イメージ、記憶、知識、思考、問題解決などへの関心が交差するようになった一九七〇年代の末から八〇年代にかけて、イメージと知識のはたらきに関係する新しい概念が現れた。メンタルモデルと呼ばれるこの概念は、何かの目標を達成するために心の中に創り出され、心の中で操作される外界の現象のモデルであり、とくに何かの問題を解くときに心の中に構成される情報表現のことである。メンタルモデルは、イメージの一種ではあるが、外界の情報を模した、心の中で操作できるモデルという点で、特別な種類のイメージだと考えてよい。

たとえば、電気回路を電気がどう流れるかを考えるのに、心の中で水道の管路の中を水がどう流れるかを思い浮かべることがよくある。電気回路のなかの抵抗を水の流れを絞るバルブ、コンデンサーを水のタンク、電線を水道管、電池を水源に置き換えた水道の管路を思い浮かべ、心の中で水を流してみたりする。このような水の流れのモデルを、もとの電気回路の問題のメンタルモデルという。

人間が問題を解くとき、定量的にではなくだいたいの答を定性的に求めようとするときには、もとの問題の表現を思い浮かべ、その表現を心の中で操作する、メンタルモデルを利用することが多い。道具の使い方、電気回路のような理科の問題、ミクロネシアの住民の航海術、論理的推論、さらには需要と供給の関係がどう変われば価格がどう変わるかといった経済学の問題など、多くのテーマについてメンタルモデルの研究が行われてきた。

たとえば、安西と横山透は、一九八〇年代の前半に、問題を何度も解いているうちに概念の表現が変化し、それによってメンタルモデル自体が変化していくことを見出した。さらに安西は、やはり八〇年代の前半、船の操舵の熟達者は、心の中に広範囲のマップ(認知地図)を描き、そのマップをもとに心の中で舵の取り方のシミュレーションを行うことを見出した。船の操舵に熟達した人は、自分の操舵のメンタルモデルを心の中に創り出すことができるのである。

ことばの意味と比喩

メンタルモデルの考え方が出てきた時期と並行して、心のはたらきの面からことばの意味をとらえるアプローチが盛んになっていく。類推や比喩のように昔から研究されてきた問題だけでなく、一九七〇年代を通して記憶やイメージの研究が進んだことを背景に、知覚的、時間的、空間的なイメージ、エピソード記憶、思考や行為のような心のはたらきとことばの意味の関係を探究する認知意味論の研究が、急速に現れてきた。

たとえば、一九八〇年代の初めには、生成意味論を主導していたレイコフが、言語哲学者のジョンソンとともに、比喩が単なるコミュニケーションの道具ではなく、人間の知覚、感情、思考、その他、心のはたらき全般の背後にある中心的な心のはたらきであると主張する著作を発表した。心のはたらきとしての言語に関心をもつ日本の研究者も急速に増えていった。

フランスの言語学者フォコニエらによって一九八〇年代の前半に提唱されたメンタルスペース理論も、こうした潮流の一環に数えられる。このモデルは、話し手が文を発話するときにその人の心の中につくられるイメージをその文の意味とみなす。たとえば、「私は自分の心をサンフランシスコに置いてきた」という文の意味は、その文が話された時点の現在スペースから、「心を置いた」時点の過去スペースへ「現在—過去関係」のリンクを張り、現在スペースと過去スペースの要素で同一と考えられるもの同士（たとえば「私」、「自分」、「心」）を同一視した、メンタルスペースの構造によって表されると考える。

フォコニエは、さらに一九九〇年代末から、言語学者のターナーとともに概念融合（conceptual blending）という考え方を提示し、思考や推論のはたらきの多くが、比喩や類推を組み合わせて複雑なイメージをつくり、そのイメージを操作することによると主張するようになる。

統語と意味の収束

なお、この本では、言語のはたらきについて、知覚や記憶、知識などとのかかわりを重視した学派と、言語が他のはたらきとは独立なものだと考える学派を、あたかも対立したものであるかのように描いてきた。このことは事実ではあったが、一九八〇年代以降、二つの学派の隔たりは急速に狭まっていく。その一つの理由は、八〇年代以降、後者の学派が、まず句構造の間の意味関係を重視するようになり、さらに、ことばのはたらきの経済性と計算の最適性を重視した、極小モデルと呼ばれる簡潔なモデルで統語論と意味論の両方を説明するようになってきたからである。

また、一九八〇年代には、フランスの認知人類学者スペルベルと英国の哲学者ウィルソンによって、関連性理論(relevance theory)と呼ばれる会話のモデルが提唱されたことも付け加えておこう。この理論は、その昔グライスが提案した会話の含意の概念(第6章)を精密に定式化したもので、その後の会話や対話の研究に大きな影響を与えていくことになる。

この本では、文脈とか状況という用語を頻繁に使ってきたが、その内容については何も言ってこなかった。

文脈と状況

心や脳のはたらきにおける「文脈」とは、その人にとっての過去から現在、未来にかけての時の流れとその人の間の意味関係、空間的な場との意味関係、他者との意味関係、あるいは意味関係の変化のような、いろいろな情報の集まりのことである。本を読むにしても、ふつう人は文脈から孤立して本を読むわけではない。前に読んだ本に触発されたからか、気分を変えて疲れをいやすために読むのか、学校の推薦図書なのか、時間的、空間的、対人的ないろいろな文脈のもとで本を読んでいる。

文脈が時間や空間にかかわる関係を指すことが多いのに対して、「状況」ということばは、時間や空間に関する物理的な関係だけでなく、周囲で起こっていることと自分の知っていることの間の因果関係や、他者と自分の社会的関係など、心理的な意味関係を含むことが多い。

文脈や状況と心のはたらきの関係については、第7章の文化や環境のところで触れたように、一九七〇年代までに人類学を中心として多くの研究が行われてきたが、八〇年代にはさらに、思考や記憶のはたらきが「状況」に依存していることを重視した研究が正面に浮上してくる。

そのきっかけの一つになったのは、一九八七年に人類学者のサッチマンが公刊した研究である。彼女は、状況によってコミュニケーションの方向や内容が臨機応変に変化するようなコミュニケーションには、以前から提唱されていた会話の法則や問題解決のモデルがあてはまらないことを、人間と機械のコミュニケーションの会話分析によって示した。

たとえば、コピー機の側から提供される利用の手引きをユーザがどう読むかは、ユーザと機械が置かれている状況に依存しており、手引きに書かれた文章がよくわからなければ、ユーザはそこでコピー機の貼り紙のほうを読んでみるなど、臨機応変に対応するのがふつうである。人は、何かをする前にすべてのプランを立ててそのプランを一つひとつ実行することもあるが、状況に依存したやり方をその場で工夫していくことが多い。

その場の状況に臨機応変に対応しながら、それでいて目標を見失わずに達成するという心のはたらきは、家庭、学校、地域、仕事の場を問わず必要なことで、今年の新入社員(新入部員)は応用力がないね、と先輩がよく言うように、応用力の源でもある。一九八〇年代の認知科学は、こうした心のはたらきにすでに着目していたのである。

状況と学習

子どもは、生活と切り離された学校の教室で抽象的な知識を覚えるだけでなく、大人と一緒に暮らす社会生活の中で大人のやり方を吸収し、それを自分なりに知識にしていく。この考え方は、何度か述べたようにソビエト心理学にもその源流があるが、一九八〇年代には、認知科学の枠組みを援用した研究が盛んに行われるようになった。

人類学者のレイヴと教育コンサルタントのウェンガーは、ユカタン半島の助産婦、仕立屋、操舵手、肉屋などの人々が、日常のコミュニティの中で、熟達者のもとで徒弟奉公のような仕事や活動をし、簡単な仕事から段々と専門的な活動に移っていく過程を調べた。そのうえで彼らは、学習とは知識を外から得て記憶し、構造化して利用することではなく、熟達した人々の仕事や生活に参加しながら、まず簡単な仕事のスキルを身につけ、少しずつ専門的なスキルを獲得していく、状況に埋め込まれた活動であると主張した。

また、認知人類学者のハッチンズは、艦船の操舵クルーや飛行機の操縦クルーなどが仕事をしている状況を分析し、心のはたらきが個人の心の中にあるというよりもチームのメンバーに分散していると考えた。一九八〇年代から九〇年代にかけ、社会的分散認知(socially distributed cognition)と呼ばれるこの考え方を進める中で、彼は、文化とはモノの集まりではなく人間の活動のしかたが変化する過程であるとみなし、人間が自分の活動を管理する過程、その人が熟達していく過程、仕事の方法が長い間に変わっていく過程の三つが、それぞれ数時間から数日、数年、数百年と、まったく違った時間の長さをもちながらお互いにぶつかり合い、それが文化の過程を構成すると主張するようになった。

状況や文脈の役割がクローズアップされたことは、言語学の意味論にも影響を与えていく。論理学者のバーワイズと哲学者のペリーは、一九八〇年代の初めに、状況の概念を数理的に表現する構想を発表し、状況のもとでの発話の意味を文の意味とみなす意味論のモデルを提案した。たとえば、「私は太郎君の隣に座りたい」という文は、状況によって、私が太郎君という人の隣に本当に座りたい場合もあり、そうでない場合もある。また、意味の中に「〜したい」という希望を含んでいる。こうした文の意味を定義するには、いろいろな状況や態度（意図、信念、希望など）ごとに、発話するときの状態（事態と呼ばれる）をたくさん考えておく必要がある。この考え方を基礎として、バーワイズとペリーは状況や態度の概念を含む自然言語の新しい意味論を構成していった。

こうした記号処理モデルは数理的に精緻をきわめ、とくに、意図や関与といった心の状態を論理学的な枠組みの中でどう表現するか、外界と心のシステムの間の情報の流れをどう表現するかといった問題が、九〇年代にかけて熱心に検討された。こうしたモデルは、論理学的な整合性や簡潔さを求めるあまりリアリティを失う恐れがあるが、その一方で、専門用語を意味のあいまいなまま用いる傾向のある実証的な心の探究に警鐘を鳴らす効果をもち続けてきた。

私たちの生活環境は、いかに簡素なものであっても、人の作った製品や道具、建物、あるいは電気やガスや水の供給システムなどの人工物と身体や心のはたらきの関係を抜きにして考えることはできない。

人間と機械の相互作用

日常の道具、家具、工業製品や設備、車や建造物などをどう設計し、どんな運用を可能にすれば、人間にとって使いやすいか、健康を害しないかという問題は、少なくとも一九四〇年代から人間工学などの分野で研究され、製品の設計や生産管理、安全管理、その他に広く応用されてきた。ところが、とくにコンピュータがいろいろな道具、とりわけ車、飛行機、発電所のような複雑なシステムに導入されてくると、身体の面からの使いやすさや安全性だけでなく、心のはたらきにまで立ち入って設計や運用を考える必要が出てきた。

以下にあげるような研究をはじめ、人間と機械の相互作用、安全管理、デザインなどに認知科学の知見が応用され、認知工学と呼ばれる工学技術の分野が生まれてきたのは、一九八〇年代のことである。

第一に、人間が機械を使うときの心のはたらきに関する情報処理モデルを構成し、それを設計に役立てる研究が盛んになった。その源流の一つは、一九六〇年代の前半に米国のコンピュータ科学者サザランドが博士論文に記し、一九八〇年に公刊されたSKETCHPADと呼ぶ、（ソフトやハードを画面から直接操作できるようにする）グラフィカルユーザインタフェースのシステムにある。サザランドのシステムは、その後思考のはたらきや知識表現にヒントを得て考案された、オブジェクト指向と呼ばれるコンピュータプログラミングの枠組みに結実する。

こうした流れの中で、コンピュータを人間がどのようにして使うか、詳細なデータを集めて行動分析を行い、コンピュータを使うユーザの心のはたらきをシミュレートする情報処理モデルが提案されるようになった。このような研究が、その後ヒューマンコンピュータインタラクションと呼ばれる分野に成長していく。

第二に、人間工学の分野でも、心のはたらきを考えに入れた研究が発展するようになった。デンマークの人間工学者ラスムッセンは、人間と複雑な機械設備の間の相互作用のモデルとして、物理的に体を使ってオペレーションを行うスキル、安全や管理のために人間が従うべきルール、人間が心の中にもつ知識など、心のはたらきにかかわる階層的なモデルを提唱した。こうした研究は、化学工場、発電所、船舶、飛行機などの制御や安全管理に応用されていく。

第三に、デザインに注目した研究が盛んになってきた。第10章で詳しく述べるが、システムのデザインとは、人間とシステムの相互作用が創り出すたくさんの可能性の中から、できるだけ目標に合った、バランスの取れたシステムのあり方を創造する活動である。

米国の認知科学者ノーマンと英国出身のドレイパーは、工学的なシステムは供給者でなく使用者の観点でデザインされるべきだとする「ユーザ中心のシステムデザイン」の考え方を主張した。さらにノーマンは、日常生活の道具はいろいろな状況の中で使われるのだから、その形や機能は状況に依存した人の動きや心のはたらきに合うようにデザインされるべきだと考えた。彼の考え方は、前に述べたギブソンによるアフォーダンスの概念、またこの章で述べてきた心のはたらきの状況論的な研究とも呼応している。

心のはたらきの統合的モデル

一九八〇年代までには、複雑な心のはたらきが生じるのは、多様な情報表現をもって周囲の環境と多種多様な相互作用をするさまざまな機能が、お互いに綿密に関係し合ってはたらくことによる、ということがはっきりしてきた。この考え方が行きつく先は、特定の機能だけでなく、たくさんの機能の相互作用をモデル化して、心の統合的なはたらきを探究すべきだということである。こうした考え方に立って、大規模なコンピュータシミュレーションによってデータを検証する試みが行われるようになったのは、八〇年代の大きな特徴である。

そのさきがけとなった研究の一つに、米国のニューウェルらが始めたSOAR(State, Operator And Result)と呼ばれるシステムの開発がある。このシステムは、発見的探索、手段―目標分析、目標指向のプランニング、行き止まりからの学習(探索の過程で良くない例が見つかったらその探索を繰り返さない手続きを生成する)などの方法を組み合わせ、知覚、運動、記憶、思考、学習などのはたらきをいろいろな問題についてシミュレートすることができる。

別の例として、認知科学者のアンダーソンらが開発してきたACT‐Rがある。ACT‐Rにはその後、脳神経系の活動をシミュレートするしくみが導入され、前頭前野や運動野などをはじめとする神経系について、fMRIから得られるBOLD信号(脳の活動が高まったときに脳の血流内のヘモグロビンから放出される酸素のレベルを表す電気信号)の時系列データをシミュレートすることを可能にした。

こうした統合的モデルの研究は、知覚、運動、記憶、思考など、個別のはたらきに特化して縦割りに陥りがちになっていた当時の研究者に、心のはたらきとは個別の機能の相互作用にほかならないことをあらためて気づかせる役割を果たしたのである。

社会現象の認知

人は、目の前で起こったできごとを知覚したとき、そのできごとが、自分が知っていたり関心のある何らかのできごとの結果として起こったかのように思い込む傾向がある。落ち込んで元気のない友だちに会ったとき、試験が終わったばかりだということを知っていると、落ち込んでいるのは試験ができなかったからだろうと思ってしまうし、病院から出てきたことを知っていると、体が悪いに違いないと思ってしまう。

このような、結果から原因を推測する性向を社会心理学では原因帰属と呼ぶが、こうした概念や、その昔バートレットが提唱したステレオタイプ(第4章)、あるいは古典的な感情や動機の心理学など、昔からの考え方を認知科学の新しい知見を援用して理解しようとする動きが一九七〇年代から八〇年代にかけて盛んになり、認知社会心理学と呼ばれるようになる。

偏見という心のはたらきは、原因帰属とステレオタイプの組み合わせによることが多い。フリーターが犯罪で捕まると、やっぱりフリーターだからね、といったように、自分の心の中の単純なステレオタイプに原因を帰属させてしまうことがよくある。こうした心のはたらきは、社会心理学のテーマであると同時に、人がいかに情報を記憶し、それを知識に昇華しているか、その知識が実はいかにあいまいなものか、人はそのあいまいな知識を使い、しかも感情に左右されながら、どのようにして意思決定をしているかといった、認知科学の問題でもある。

認知科学の流れに関係の深い一九八〇年代の研究としては、たとえば米国の社会心理学者ニスベットとロスが、感情と記憶のはたらきを社会心理学に導入した研究などが知られている。また、心理学者のフィスケとテイラーが八〇年代の前半に出版した著書は、その後長く認知社会心理学の標準的な教科書として使われてきた。

なお、社会性のはたらきに関する論点の一つは、感情の機能をはじめ、意識されない心のはたらきにかかわる部分が大きいという点にある。ニスベットと彼の学生だったウィルソンは、人は自分の心のはたらきを後で振り返って話すときには虚偽を語る傾向があることを一九七〇年代の後半に指摘し、社会現象の認知の研究で使われてきた事後報告は信頼性が薄いことを示した。事後報告は、二〇世紀前半のゲシュタルト心理学によって使われていたころから信憑性が疑われるようになっており、今日では信頼できない方法とみなされることが多い。

これに対して、意識のうえでの思考のはたらきについては、事後報告とは違って、思っていることをそのまま口に出す口頭記述(発話プロトコル、第6章)ならば、データとして信頼できる場合が多い。このことは、発話しながら解く場合と発話せずに解く場合に解き方が変わらないことをいろいろな問題について確かめることによって、スウェーデン出身の心理学者エリクソンと米国のサイモンによって一九八〇年代初めに示され、発話プロトコル分析は、思考のはたらきの研究法の一つとして広く使われるようになっていった。

感情研究の再興

感情が心のはたらきの中で重要な役割を果たしていることは誰もが認めていたにもかかわらず、一九八〇年代に至るまで、認知科学の研究のほとんどは、第6章で触れたような思考を制御する機能以外、感情のはたらきを度外視した「クール」な認知を扱っていた。感情のかかわる「ホット」な認知については、さきに触れた認知社会心理学などの分野を除き、本格的に扱われることはなかった。

その主な理由は、そもそも感情とは何かということすらあいまいで、方法論の糸口が見つからなかったためと考えられる。実際、「嬉しい」から「悲しい」まで連続的なものなのか、それとも「嬉しい」と「悲しい」はまったく独立した別の感情なのか、「嬉しい」と「喜ばしい」は程度の違いなのか種類の違いなのかなど、従来の研究法でははっきりしない点が多い。感情の分類に関する研究もいろいろ行われているが、いくつ種類があるかさえ議論がある。また、感情、情緒、情動、気分、情感、気持ち、その他、意味が重なるような語彙がたくさんある。英語にもemotion、affect、feeling、moodなどがあり、他の言語も同様である。

しかし、こうした困難を超えて、「ホット」な心の機能に対して情報の考え方を応用できる時代がやって来た。一九八〇年代に入り、「クール」な心のはたらきの研究に一区切りついたことが、その背景にある。

感情の問題が浮上したきっかけの一つは、八〇年代になって起こった、二人の社会心理学者、ポーランド出身のザイオンスと米国のラザルスの論争にある。ザイオンスは、人は意識しないのに前に見た品物のほうを好む傾向があるという、直接提示効果と呼ばれる現象を踏まえ、好みのような一見複雑な感情のはたらきも、意識にのぼるはたらきより先に意識下で起こることを主張した。

これに対してラザルスは、感情のはたらきは、刺激に対してその意味を評価する心のはたらきから始まると考えた。たとえば、「楽しい」とは目標に向かって進むことができると予想できることによって起こる感情だというのがラザルスの主張だった。

両者の主張の違いは、学問上の論争というより、感情のはたらきに対する見方の違いだと言ったほうがよい。その根は、第6章に述べた一九世紀以来の感情研究の中にあり、ザイオンスの考え方はジェームズ－ランゲ説に、ラザルスの説はシャクターとシンガーによる感情の二因子説に通じている。

両者の論争はどちらが正しいということなく落ち着いていったが、感情と思考や記憶の関係の探究にあらためて灯をともす効果をあげた。

一九八〇年代に生まれた感情の研究は、他にもたくさんある。たとえば、米国の心理学者エクマンは、人が顔の表情から読み取る感情の種類が文化の違いを超えて似通っていることを見出し、八〇年代前半に六種類の基本感情（怒り、恐れ、幸福感、嫌悪、悲しみ、驚き）からなる感情の分類モデルを提唱した。感情の分類は昔から多くの研究者によって提案されてきたが、エクマンのモデルは今なおよく言及されている。

こうした歴史の軌跡をたどりながら、感情の探究は、一九九〇年代にかけ、ｆＭＲＩのような脳活動計測法が普及したことで急速に進むようになる。これについては第9章で述べよう。

社会性——一九九〇年代への架け橋

他の人の気持ちや意図を理解するとか、自分の気持ちを自分で推し量る心のはたらきは、モノの概念を知ったり、モノを作ったりする心の機能とは異なり、他者と自分の関係についての心のはたらき、つまり「社会性」のはたらきである。

一九八〇年代の特徴の一つは、他者や自己の理解、他者と自己との関係の理解といった問題へのアプローチを中心として、社会性についての研究が進んだことにある。八〇年代になると、人の心のはたらきがどこまで人間に特有のものであり、どこまで他の動物と共通なのかという、霊長類学や進化心理学で検討されていた問題が、認知科学の知見を踏まえて新たに取り上げられるようになった。その一つのきっかけは、さきにも述べたように、一九七〇年代の後半に、プリマックとウッドラフによって心の理論が提唱されたことにある。

心の理論の考え方は、一九八〇年代から九〇年代にかけて、とくに、社会性のはたらきの発達や、社会性にかかわる発達障害などの研究に大きな影響を与えるようになる。

たとえば、英国の発達精神医学者バロン＝コーエンによって、自閉症の原因は心の理論が未発達だからとする説が唱えられた。自閉症は、他者とのコミュニケーションが取りにくい、特定のことに集中すると他のことに注意が移りにくい、反復行動をずっと続ける、他者の気持ちに共感しにくいなどの症状を示す発達障害である。

しかし、自閉症の症状は複雑で、心の理論というモデルだけで自閉症の原因を特定することはできにくい。また、心の理論という概念自体も、応用に耐えるほどしっかりしたものとはいえない。このため、自閉症の原因を心の理論の未発達に求める考え方は、最近ではあまり顧みられていない。たとえば、ピアジェの共同研究者でもあった英国の発達神経科学者カーミロフ＝スミスは、臨床の知見を踏まえ、自閉症は心の理論とか言語のような特定の領域に閉じない心のはたらきの相互作用から起こると主張している。

こうした動きの一方で、一九八〇年代には、人が他者の意図や信念をどの程度理解できるかという問題に、人間と動物の心のはたらきの比較、社会性のはたらきの発達、発達障害や神経障害の臨床など、多様な関心をもつ研究者たちが挑戦するようになった。

なかでも、オーストリアの心理学者ヴィマーとペルナーの研究は、その後の社会性の発達研究に大きな影響を与えた。彼らは、一九八〇年代の前半、「サリーとアンの課題」という名で知られる実験課題を用い、四歳ぐらいまでの子どもは他者の意図を理解するのが困難であることを示唆した。

サリーとアンという名の二つの人形が出てくる次のような人形劇を子どもに見せる。まずサリーがお菓子を（たとえば黄色い）箱に入れてからいなくなる。次にアンがそのお菓子を（黄色い）箱から取り出し、別の（たとえば青い）箱に入れる。サリーが戻ってきてお菓子を取り出そうとする。ここで子どもに、サリーがどちらの箱を開けるかと問うと、四歳ぐらいまでの子どもは青い箱を指すが、六歳ぐらいより上の子は黄色い箱を指す傾向がある。つまり、四歳ぐらいまでの子どもは「サリーが、自分の信じていることが間違っているのをわかっていない」ということを推測できないと考えられる。

彼らの実験に対してはいろいろな批判も生まれた。他者の意図がわかっているかを問うだけなら、四歳よりずっと早くから意図がわかることを示唆する研究もある。しかし、「気持ちが通じる」というはたらきはとても複雑で、社会性のはたらきを解き明かすための重要な問題である。このことに直接切り込んだヴィマーらの実験の意味は大きい。

意図をもつことと目標をもつことは似ているが、意図は何かをしようとしているとか、する気があるという持続的な心の状態なのに対して、目標のほうは達成手段などと一緒に心の中で操作される情報である。したがって、意図は目標とは違う。

心の中で手段—目標関係の操作が生後九カ月ごろからできるようになることは、以前から知られているが、米国出身の心理学者で発達と進化の問題に取り組んできたトマセロは、他者が意図をもっているのを理解するはたらきは、生後半年ぐらいまでに他者との相互作用を通じて身につき、それが手段—目標関係の操作に役立っていくと主張している。他者の意図を理解することを通して社会的関係を築く心のはたらきのほうが、抽象的な手段—目標の関係によって世界を理解するはたらきよりも先に身につくと考えるほうが妥当な可能性もある。

なお、まわりの人々と社会的な関係を築く心のはたらきを子どもが身につけるには、他の人の意図を読み取ったり、何かを達成するために手段—目標関係を使ったりするだけでなく、原因—結果の関係によっていろいろなできごとに意味づけをしたり、自分の立場を全体—部分の関係によって理解したり、他者と自分の意味的な関係を多様に織り上げていく心のはたらきが大事になる。社会性のはたらきは、この項で述べたような他者の意図を推測するはたらきだけに閉じているわけではない。

領域を超える思考

この本の目標の一つは、人の心のはたらきを通して人間とは何かを探ることである。心のはたらきが感覚、知覚、運動、記憶などのはたらきの相互作用だとすれば、人間以外の動物にも心のはたらきはあると考えるべきだが、人間の心のはたらきは、多くの点で他の動物とは異なっている。

その一つは、おそらくは進化の過程で思考と言語の機能を身につけながら、自己意識、イメージ、類推、比喩のような、高度な心のはたらきが使えるようになっていったことである。こうした機能を用いると、経験の中でいろいろに得られるまったく別の情報を関係づけ、その意味を言語のような記号の体系によって複雑に表現できるようになる。

とくに、右のような心のはたらきは、まわりの環境にあるいろいろなモノについての知識、道具を発明したり生活に用いたりするスキル、他人と円滑な人間関係を維持するための社会的な知識やスキルのような、いろいろな知識・スキルの固有領域を横断する、自由な思考や、活動に用いることができる。たとえば、何かの知識をまったく別の道具の発明に応用したり、道具の使い方を社会的な集団の中で生きる手段に応用したりすることができるようになる。

実際、一九九〇年代のことになるが、英国の考古学者マイズンは、右のような知識・スキルの領域をそれぞれ博物的知能、技術的知能、社会的知能と呼び、こうした知能の領域を超えて高度な一般的知能を人類がもつようになったのは、新しい人類が誕生し、言語をもつに至ったころであることを主張している。

現在の人類は、ことばを覚えた後の四歳ぐらいから類推や比喩のはたらきを発揮できることが、発達の研究で明らかになってきている。小さな子どもでも、丸い積み木を口にもっていきながら「ハンバーガーだよ」と言って人の気を惹くことができる。積み木の世界と食べものの世界というまったく違った知識の領域を超えて、小さなときから柔軟な思考ができるようになることは、人の心のはたらきのきわめて大きな特徴である。

他者と自己

何かをしたいとか、何かをしようとする意図をもった主体として他者を理解することは、自分自身を主体として理解することと表裏一体の関係にある。

子どもはいつごろから自分を自分として理解するようになるのだろうか。たとえば、子どもの額や前髪にその子に知られないようにシールを貼りつけ、鏡に顔が映るようにする。すると、二歳ぐらいまでは、鏡に映った顔を見て、鏡の中の顔に貼りついたシールを取ろうと手を伸ばす。ところが、二歳ぐらいからは、鏡の中の顔ではなく自分の額に手をやってシールを取ろうとする。このことから、子どもは、少なくとも二歳ぐらいからは、鏡に映った自分を自分として意識することができると考えられる。

この方法は、一九七〇年代の初めに米国の霊長類学者ギャラップがチンパンジーに行った、マークテストと呼ばれる実験方法を模擬したもので、チンパンジーなどの動物にも、鏡に映った自分の像が自分だということがわかるものがいる。

一九九〇年代の半ばにイタリアの神経科学者リッツォラッティらがマカクザルの運動前野や頭頂葉に発見し、「ミラーニューロン」と名づけた神経細胞は、その後多くの議論を巻き起こしてきた。ミラーニューロンは、他者が特定の行動をしたときと自分が同様の行動をしたときの両方に、鏡(ミラー)のように反応する。このため、模倣、意図の理解、感情移入のような、他者と自分を何らかの意味で同一視する心や脳のはたらきに関与すると考えられている。

人間の脳については、観察方法の問題もあって、一個の細胞としてのミラーニューロンが見つかっているわけではない。しかし、他者と自分の同じような行動に反応する神経部位が、やはり下前頭回、頭頂葉などにあることが見出されており、人間のこの機能については「ミラーシステム」と呼ぶことが多い。

人間の場合、下前頭葉、また前頭葉と側頭葉の境にある外側溝の内側の島皮質《とう》など、自分の感情の情報処理に強く関与しているとされる神経系が、他者の感情を知覚したときにも反応することが見出されている。このことから、ミラーシステムが、他者の感情を推測してそれに自分の感情を重ね合わせる「共感」にかかわっているとも考えられる。

ただし、共感といっても、人は人、自分は自分である。他者と自分がまったく同じ感情をもてるわけではない。他人の感情を顔の表情や体の動きから感じ取るときには、意識しなくても相手の表情や動きに自分の表情や動きが共鳴したり、「嬉しいんだな」とか「沈んでいるのね」というふうに、相手の感情を意識的にカテゴリー化したり、いろいろな心の機能が並行してはたらく。共感はこうした複雑な心のはたらきの産物であり、ミラーシステムは、共感のはたらきにかかわる脳機能のうちの一つと考えるべきであろう。

他者の意図

他の人の心が読めるということは、自分の心のはたらきを意識することにつながる。たとえば、生後九カ月から一年ぐらいの間に、赤ちゃんは他者の意図を理解するだけでなく、他人と自分が意図を共有していることを理解できるようになる。ブルーナーは、赤ちゃんが他人、たとえばお父さんと意図を共有できるためには、単にお父さんの意図を理解するだけでなく、自分とお父さんを置き換えて自分がお父さんの意図をもつという機能を発揮できる必要があることを、一九八〇年代の前半に指摘している。

第2章の「気持ちが通じる」で述べたように、人間だけでなくチンパンジーも他のチンパンジーと目標や意図を共有することができる。ただ、人間の場合は、さきに述べたように、子どものころから、他人が何をしたいのか、何をしようとしているのかを読み取り、それに自分の気持ちを合わせ、しかも気持ちを共有していることを意識することができる。トマセロは、赤ちゃんは生後九カ月ごろから他者が意図をもつ主体であることを理解し、自分も意図をもつ主体であると認識できるようになること、またその直後の生後一年ぐらいからことばのはたらきが急速に発達することから、意図を共有する心のはたらきが身につくことが言語の発生に大きな役割を果たしていると推測している。

右にあげたようなさまざまな研究の蓄積によって、いろいろなモノや抽象的な概念を理解するための心のはたらきは、実は人の心を理解するための心のはたらきをもとにして発達するのではないか、という考え方が生まれてきた。

たとえば、モノやモノの動きをあたかも人間や人間の活動の因果関係であるかのように理解すること、人の動きや顔の表情を生後早くから知覚できるようになること、早くから不安の感情をもつようになること、人をだましたりウソをついたりできるようになること、人間以外のモノや生物を人間にたとえる擬人化ができること、人について類推や比喩が使えるようになること、その他多くの知見を総合し、これらが赤ちゃんの行動に現れる時期を観察して、同じ種である人間を感じたり、理解したり、他人の行動を制御したりする社会性のはたらきのほうが、モノを理解

するはたらきよりも原初的ではないかとする考え方が起こってきたのである。

なお、他者や自己の理解のような社会性のはたらきを身につけることが心の発達の基本にあるとする考え方は、この本でも折に触れて述べてきた一九三〇年代ごろからのソビエト心理学の潮流とも関係する。ソビエト心理学の思想は、一九七〇年代から八〇年代にかけて、国境の壁が急速に低くなり、文化圏や言語圏の異なる人々の間のコミュニケーションが重要な問題になってきたことや、社会的な場での学習やコミュニケーションを重視した教育観が興隆してきたことと相まって、西側諸国に受け入れられていった。

一九七〇年代以降の認知科学における文脈、状況、文化などを重視した研究の発展は、大きく見れば、こうした世界情勢の変化の中で起こってきたことであった。一九八九年に起こったベルリンの壁の崩壊によって、グローバル時代の幕開けが迫っていた。

心の進化

一九世紀の先駆者ダーウィン以来、厳しい自然環境の中で食べものを探したり、敵を回避したり、子孫を残せる配偶者を探すために高度な知性が発現したというのが、心のはたらきの進化に関する中心的な考え方であった。

これに対して、一九七〇年代の半ばから八〇年代にかけて、心のはたらきが進化したのは複雑な対人関係や社会的関係の中で生き抜くためだったという考え方が出てきた。たとえば、英国の心理学者ハンフリーが一九七六年に提唱した「知性の社会的機能」、一九八〇年代後半にバーンとホィッテンが提唱した「マキャベリ的知性」、英国の心理学者ブラザーズが一九九〇年に提唱した「社会脳仮説」などはよく知られた例である。

マキャベリ的知性とは、社会におけるきわめて微妙で複雑な権力関係の中で生き残り勝ち残るために、約束や規則をつくったり破ったりすることや、だましたりウソをついたりすること、同盟関係を結んだり壊したりすることなど、高度な社会性をもつように知性が進化したとする仮説である。また、社会脳仮説とは、社会性にかかわる心のはたらきに眼窩前頭皮質、扁桃体、側頭葉などが強くかかわっているというデータをもとに、社会性のはたらきに直接関与する脳の機能が存在するとする仮説である。第3章で触れた「社会性のはたらき」説とは、こうしたいろいろな仮説とその発展のことを指す。

「社会性のはたらき」説の研究は、一九九〇年代を通じて急速に立ち上がり、とくにｆＭＲＩなどの技術を活用して、社会性のはたらきを支えると考えられる脳の部位を調べる研究が大きく発展していく。社会認知神経科学とも呼ばれるようになったこの分野では、感情移入、倫理的な判断、経済的な意思決定などについて、脳のはたらきの研究が進んでいる。たとえば、ふだんの買いもののような、何気ない意思決定でさえ、買うモノの特徴を考えたり買いものの経験を思い出したりする記憶や思考、どの品物が買うに値するかを決める選好評価、楽しめるとかつまらないといった感情など、多くの情報処理が意識のうえと意識下の両方で並行して行われると考えられる。

英国の人類学者ダンバーは、脳の大きさに対する大脳皮質の大きさの割合をいろいろな動物について調べ、日常生活でつくる集団の大きさと統計的な関係があることを見出した。一九九〇年代の初めに提唱されたこの考え方によれば、集団の大きさはだいたい一〇〇〜二三〇人ぐらいで、人間でいえば古代の生活での儀礼的な集まりの大きさぐらいであり、日常生活で直接会ってコミュニケーションを取りながら安定的に暮らせる相手の数はこの程度だという。この数字(一五〇人という数字がよく使われる)はダンバー指数と呼ばれるようになった。

ダンバーが示唆した一五〇人という数字には、いろいろな批判がある。統計的な関係があるからといって因果関係があるとは断定できないし、大脳皮質の割合が小さくても大集団で暮らす霊長類もいる。また、大脳皮質の視覚系は食物を探すのに重要と考えられるから、人間の場合かなり大きくてもいいはずだが、脳の大きさに対する視覚系の割合は、人間ではそれほど大きくない。しかし、この章で述べてきたように、心のはたらきの中でも社会性のはたらきは人間の本質的な部分であり、とくにコミュニケーションのはたらきを考えるにあたっては、ダンバーの示唆した社会集団の大きさは参考になる。この点については第10章であらためて述べる。

もちろん、さきにも述べたように、社会性のはたらきは単純なものではない。人の動きや顔の表情を知覚するような原初的なはたらきは早くからあっただろうが、エピソード記憶のような記憶のはたらき、複雑に入り組んだ感情のはたらき、いろいろな情報を系列化したり、比べたり、判断したりする思考のはたらき、また言語や概念のはたらきが進化するのと絡み合って、社会性のはたらきが進化してきたと考えるほうが自然であろう。

脳のほうから見ると、大脳辺縁系をはじめとするさまざまな神経系と前頭葉の間の神経経路が進化しながら前頭葉の神経系もまた進化を遂げてきたことが、社会性と記憶、思考、言語、感情などとの相互作用の進化を促してきたのであろう。赤ちゃんの発達過程(個体発生)は人類の進化の過程(系統発生)を繰り返すとする、昔から言われてきた名言をなぞるとすれば、多くの機能の相互作用自体が進化して現在の人類の社会性のはたらきが生まれてきたのなら、さきに述べたような赤ちゃんの社会性のはたらきもまた、いろいろな心の機能の相互作用自体が発達するなかで育っていくのではないだろうか。

歴史の軌跡と未来への挑戦

社会性のはたらきについて重点的に述べてきたところで、第Ⅱ部を終えることにしよう。一九五〇年代に誕生してから三〇年あまりの間、認知科学の知的営みは、いわゆる文系理系を問わず、伝統的な学問分野を横断しながら大きな発展を遂げ、心のはたらきを中心とした心、脳、社会の関係について、多くの優れた知見をもたらしてきた。この努力を通して私たちは、二〇世紀の前半までにわかっていたことをはるかに超える、人間についての知識と応用の可能性を手に入れることができた。

第Ⅱ部を通して眺めてきた歴史の軌跡は、三千年近くにわたる人間の探究の中でも最大の知的冒険の一つとして語り継がれるべきものである。その根拠は、情報という新しい概念の定義(コラム1)自体が心のはたらきと密接に関係したものだという点にもある。また、物質やエネルギーの概念とはまったく異なる情報の概念が思想の底流をなした時代の精神を背景とする知的営みだったことにある。

しかし、歴史の軌跡を刻みながら、時代は動いていく。第Ⅲ部では、未来に向かう新しい方向について考えてみることにしよう。

第Ⅲ部　未来へ

創造する人間

一九八〇年代までに大きな発展を遂げた認知科学は、その発展をもたらした研究テーマや研究方法をさらに延長しながら、他方ではそれまでとは違った新しい方向を目指すようになった。それは、二一世紀という新しい時代が「人間とは何か」、「心とは何か」という基本的な問題を通してえぐり出す、新たな課題への挑戦である。

その一つは、陽電子放射断層撮影法（PET）に続いて機能的磁気共鳴画像法（fMRI）のような脳活動計測装置が研究者の間に急速に普及し、脳の活動のほうから心と脳の関係に迫ろうとする研究が爆発的に盛んになってきたことである。

もう一つは、一九八九年にベルリンの壁が崩壊して東西冷戦が終結、九〇年代半ばにはインターネットとデジタル携帯端末が普及し、世界が名実ともに新しい時代に入ったことで、モノの時代を超えて、医療、コミュニケーション、教育など、心と脳と社会にかかわる基本的な問題が大きくクローズアップされてきたことである。

この第Ⅲ部では、認知科学の未来に向けて、右の二つの方向について考えてみよう。

なお、興味深いことに、第Ⅱ部を経て今日に続く知見の多くは、右にあげた二つの新しい方向のまさに土台になるようなものであった。こうした知見について第Ⅲ部で多くを語ることはできないが、先人の歩みが間違っていなかったことは、記憶に刻んでおくべきであろう。

第9章　心と脳のつながり——一九九〇年代から今日へ

脳活動の計測

一九八〇年代の半ばから九〇年代にかけて、いろいろな脳活動計測装置が認知科学の研究に急速に普及し、心と脳の関係を解明するための新しい道が拓かれた。とりわけ、以下のような技術が急速に進展し、いくつかを組み合わせた方法も開発されてきた。

（1）空間分解能に優れ、時間分解能もある程度は高く、放射性物質などの影響のない機能的磁気共鳴画像法（ｆＭＲＩ、functional Magnetic Resonance Imaging）。

（2）簡便で軽く、衝撃の少ない近赤外線分光法（ＮＩＲＳ、Near Infra-Red Spectroscopy）。

（3）頭蓋の外から簡単に脳波が測定できる脳波計（ＥＥＧ、Electro-Encephalograph）を用いて脳内の電位の時間変化を測定する、時間分解能に優れた事象関連電位法（ＥＲＰ、Event-Related Potential）などの方法。

（4）頭蓋の内側に電極を置き（このため体の内部に影響を与える可能性のある侵襲型になる）、高い空間分解能で脳波を測定できる皮質脳波法（ＥＣｏＧ、Electro-Corticography）。

(5)脳内の電気的な活動から生じる磁界の変化を超伝導量子干渉計で外から計測する脳磁計(MEG、Magneto-Encephalograph)を用いて、脳神経系の活動の時間変化を測定する方法。

(6)外界の磁場を変化させて脳の中に微弱な電流を起こし(このため侵襲型になる)、特定の脳活動を抑制して、生じる現象を観測し、心と脳のはたらきの因果関係を推測できる経頭蓋磁気刺激法(TMS、Transcranial Magnetic Stimulation)、および脳内の変化を長期に持続できる反復経頭蓋磁気刺激法(rTMS、repetitive TMS)。

(7)微量の放射性物質(トレーサー)を血管に注入する(このため侵襲型になる)ことによって、神経細胞の特定の受容体がどんな機能をもっているかを推測できる陽電子放射断層撮影法(PET、Positron Emission Tomography)。

(8)やはり微量の放射性物質を注入して(侵襲型になる)、主に脳内の血流測定に用いられている単一光子放射断層撮影法(SPECT、Single Photon Emission Computed Tomography)。

実際には、こうした脳活動計測法にはそれぞれ問題点がある。たとえば、fMRI、NIRS、PET、SPECTなどによって直接測定されるデータは、脳の中を流れる血液(正確には酸化へモグロビン)の変化量(PETやSPECTではグルコースの代謝量なども含む)であって、神経系がどのように活動しているかを直接測っているわけではない。また、血流量の変化が生じるのに数秒程度の時間がかかるため、一秒程度以下の短時間の神経活動を推測するのは今のところ困難で、空間的にも一ミリ程度より小さな範囲の脳のはたらきを調べるのは難しい。

さらに、大部分の方法は心と脳のはたらきの相関関係を見ているだけで、脳のどの活動が原因でどんな心のはたらきが結果として生じているかという因果関係を直接検出してはいない。たとえば、音楽を聴いているときに側頭葉の聴覚野が活性化されていることは推測できるが、聴覚野のはたらきが「原因」となって音楽が聴こえるという「結果」が得られたとはいえない。

きわめて速い反応や小さな神経部位のはたらきが心の機能全体に影響することもあり得るが、こうしたはたらきをとらえるには、特定の遺伝子がはたらかないようにノックアウトして脳の活動を調べたり、神経細胞に電極を差し込んで活動を調べたり、細胞を染色し光を当てて活動を推定したりする、直接的な方法が必要になる。しかし、これらの方法は倫理上人間には適用できず、エピソード記憶や言語のような、人間にとくに顕著な心のはたらきを、こうした方法で研究するのは難しい。

また、ｆＭＲＩやＰＥＴなどでは、特定の刺激に対する脳の活動部位を特定するとき、刺激を与えた場合と与えなかった場合の脳の活動データを重ね合わせ、脳内の各位置について活動の強さの差を計算して、その刺激を入力したために起こった脳の活動とみなす、差分法を用いることが多かった。この方法だと脳の活動の個人差を調べるのは困難である。最近、ｆＭＲＩ

とＥＥＧや、ＮＩＲＳとＥＥＧを組み合わせて、空間と時間の分解能を両方高く保ったり、特定の脳の活動を一回の計測データから解析する方法が発展してきており、こうした工夫が今後も必要になる。

さらに、ほとんどの方法は健康への問題はないが、何度も続けると副作用があり得る場合もあり、研究倫理の基準に従って実験が行われることはもちろんである。

こうした問題点にもかかわらず、一九八〇年代の後半までは本格的に調べようのなかった脳の活動と心のはたらきの関係に、一挙に光が当てられるようになり、第10章で述べるような心の障害への応用も急速に広がっている。

なお、よく言われる「脳のこの神経部位の活動によって心のそのはたらきが起こる」という言い方の多くは的外れである。この本で何度も述べてきたように、心のはたらきのほとんどすべては脳のたくさんの部位の相互作用によるもので、脳のどこかと心のどこかが一対一に対応するわけではない。とくに、「心のはたらきは脳のたくさんの神経部位によって支えられている」こと、また「脳の神経部位は心のたくさんのはたらきを支えている」ことを忘れないようにしよう。算数の計算という心のはたらきは、前頭葉だけでなくたくさんの神経系によって支えられているし、前頭葉は算数の計算だけでなく感情や社会性など多様な心のはたらきを支えているのである。

また、「どこの神経部位が活動してから次にどの部位が活動する」という言い方も、誤解を生みやすい。神経細胞を伝わる情報の伝達速度からみて、初めにどの神経系がはたらいてから次にどれがはたらくというイメージが通用するのは、刺激が入力された当初の数十から数百ミリ秒の間だけで、あとは多くの神経系が同時に活動している状態になると考えられるからである。なお、最近、神経系の相互作用自体を解析する方法（コネクティビティ解析という）が盛んになり、また情報伝達の順序や場所の違いについても、EEG、MEG、ECoGなどのデータに周波数解析の新しい方法を適用して精度よく解析するアプローチが出てきている。こうした数理的方法の開拓は、心と脳の関係をさらに解明していくうえで不可欠である。

恐怖の回路

脳活動の計測装置がもたらしたインパクトの一つは、感情の情報処理メカニズムに光が当てられるようになったことである。一例として、暗闇で誰かに呼び止められたときに恐怖の感情が起こる過程を説明しよう。

まず、暗闇の暗さ、誰かの声、湿度や気温などの感覚情報が網膜、内耳、皮膚、その他にある感覚細胞群に入力される。こうした情報は、感覚細胞から脳の内部に至る神経経路で内部情報に変換され、脳幹にある視床を経て、一方では大脳辺縁系にある扁桃体に伝えられ、もう一方では大脳皮質に伝えられる。視床から扁桃体に直接伝わった情報は、扁桃体の周辺部位を通じて出力され、体がすくむ筋肉の反射行動を起こしたり、ストレスホルモンの分泌を高めたりする生理的反応を起こす。その一方で、視床から大脳皮質に伝えられた情報は、「こわいっ」と心の中で叫んだりする、意識のうえでの思考、記憶、ことばなどのはたらきを引き起こし、その情報が扁桃体に送られて、さきの生理的反応と一緒になって、恐怖の感情が引き起こされる。

感情のはたらきは時間に沿って変化していくが、この時系列データが脳活動の計測によってすべて得られるわけではない。このため、脳と心のはたらきを関係づけて説明するには、何らかの工夫が必要である。いろいろなデータを総合して右のような情報処理モデルをつくり、そのモデルに基づいて現象の説明をする方法は、強力な工夫の一つであり、右にあげた恐怖の回路はその例とみなすことができる。

なお、右に述べたモデルは米国の神経心理学者ルドゥーらの主張に基づいているが、そこに出てきた扁桃体やその周辺の神経系は、とくに恐怖のようなネガティブな感情に強く関与していると考えられてきた。その一方で、楽しさのようなポジティブな感情については、扁桃体も関与しているものの、もう少し広い範囲の神経部位がかかわっているといわれている。

また、感情のはたらきは、ドーパミンが大脳基底核にある黒質から分泌されて大脳基底核の線条体に流入したり、中脳の腹側にある被蓋部から大脳皮質へ流れ込んだりすることによって、分子のレベルで制御されている。こうした分子レベルの説明にも、フィードバックモデル(コラム3)のような情報処理の考え方を導入することができる。

感情と倫理

右にあげた恐怖の神経回路は基本的な感情の情報処理の例であり、私たちは恐怖の回路だけで生活しているわけではない。たとえば、記憶やイメージのはたらきも大切である。

実際に暗闇で突然こわい声が聞こえるような直接の刺激だけでなく、「変だな」と隣の友人に耳打ちされただけで強盗の記憶やイメージが呼び起こされ、感情の反応が起こる。記憶に強く関与しているとされる海馬とその周辺部位、視床、大脳皮質などの神経系は、扁桃体など感情に強くかかわるとされる神経系と強い相互作用があり、記憶と感情のはたらきは、実際には区別しにくいほど絡み合っている。

複雑な感情を挙げていくときりがない。「あの服がほしい」といった意思決定にかかわる感情、「子どもの痛みは自分の痛み」のような共感にまつわる感情、「あなたと一緒にいられるだけで幸せ」のような愛情を支える感情、「何となく気持ちがいい」といった持続的な気分、「顔で笑って心で泣いて」のような身体と心の複雑なかかわりなど、限りなくある。

こうした複雑な感情のメカニズムについてはまだわかっていない部分も多いが、感情のはたらきを支える部位は、前頭葉の眼窩前頭皮質、外側溝の内側にある島皮質など、記憶や社会性のはたらきにもかかわっている部分が多いことがわかってきている。

たとえば、身体の反応を感情として意識するメカニズムや、他者の痛みを自分の痛みであるかのように共感する心のはたらきには、島皮質が強くかかわっている。島皮質は、痛みの感覚にかかわる部位としても知られ、食べものや薬がどうしても欲しくてたまらなくなる感情にも関係していると考えられている。

扁桃体や帯状回のような部位が主にかかわる直接的な感情と、右のように大脳皮質や島皮質もかかわってくる高次の感情を分ける考え方は、第8章で触れたように昔からあるが、神経科学者のダマシオやさきにあげたルドゥーをはじめ、多くの研究者によって脳や身体のはたらきと結びつけられ、新たな発展を遂げるようになった。

右に述べたことからも推測できるように、感情の多くは社会性の機能と深い関係がある。反社会的な行動が現れるケースは、感情のはたらきが弱く、自己愛(ナルシシズム)が強く、衝動性があることが多い。障害の症状などから、人がふつうは世間の常識から外れた行動をしないのは、衝動的な行動が眼窩前頭皮質、前頭葉内側部、帯状回の前部、頭頂葉下部、上側頭溝などの神経系のはたらきによって抑制されているからだといわれるようになった。こうした考え方は、道徳や倫理に関する脳のはたらきの研究に発展しつつある。

ただし、この本で繰り返し述べてきたように、脳のはたらきを探究すれば人間の社会性がわかるかというと、それは困難である。たとえば、道徳や倫理といっても社会や文化によって異なる部分がかなりあり、西洋流の学問の潮流から生まれた概念が普遍的かといえばそうとは限らない。実際、社会や文化、生育環境の違いによって感情の発露のしかたが違うことは、社会心理学や比較心理学、臨床心理学の研究や実践を通じてよく知られている。心のはたらきは、脳のはたらきとともに社会と人間の相互作用を探究することによって、初めて浮き彫りにされてくるのである。

ストレスと記憶

強い緊張や不安が長く続くと、ストレスが昂じて心のはたらきが阻害されるようになる。とりわけ、虐待や戦争体験などのようにきわめて強いストレスを受けた後に起こる心的外傷後ストレス障害（PTSD）では、記憶のはたらきが低下してしまうことがある。強いストレス情報が記憶に影響する情報処理のメカニズムは、概略以下のようなものと考えられている。

緊張や不安のストレス情報は、扁桃体や海馬を経て副腎に達し、副腎皮質から血液中へのステロイドホルモンの分泌量を増やす。このホルモンの情報がフィードバックされて、扁桃体からはホルモンの分泌を増やすための情報が、海馬からは減らすための情報が、ともに間脳の視床下部を経て副腎皮質に送られ、さらにホルモンの分泌量が制御される。

　扁桃体と海馬のバランスが崩れ、海馬のはたらきが弱ってくると、ステロイドホルモンの分泌がさらに増え、それがフィードバックされてさらに海馬のはたらきが弱くなり、海馬の神経系が萎縮してしまうこともある。ただし、ＰＴＳＤになると海馬の神経系が萎縮するのか、海馬のはたらきがもともと弱いためにストレスによってさらに弱まり、萎縮が起こるのか、詳しい因果関係はまだはっきりしていない。

神経伝達物質と運動

　一九九〇年代以降、認知科学における脳のはたらきの探究は、分子レベルの情報処理を無視しては進めることができなくなってきた。右にあげたホルモンのはたらきはその一つだが、もう一つ例をあげておこう。

　手足がふるえて止められない、体の動きが鈍くなる、体が固まって動かないなどの症状が起こるパーキンソン病の主な原因は、大脳基底核にある黒質の神経細胞が萎縮したり、性質が変化してしまうことにあるといわれている。

　体を動かして何かの活動をするときには、腕や指や肩など、いろいろな部分の動きをうまく系列化して全体の動きを創り出す必要がある。人はこうした動きの系列化を何気なく行っていて、意識することはほとんどない。しかし、これがうまくいっているのは、大脳皮質と大脳基底核を結ぶ神経回路のはたらきが、大脳基底核の黒質などから放出されるドーパミンの量によって上手に制御されているからである。

大脳基底核から大脳皮質に伝えられる情報の伝達には、ドーパミンによって興奮性が高まる経路と抑制性が強まる経路がある。うまくバランスが取れている状態では興奮性の経路のほうが強く、抑制性経路からの情報伝達が抑えられている。ところが、黒質の神経細胞が萎縮したり変性したりすると、抑制性経路のほうが強くなって、大脳皮質で動きの系列化がうまくできなくなる。

体の動きが制御できない病気としては、パーキンソン病の他にも、大脳基底核の線条体の中にある尾状核の萎縮が原因と考えられているハンチントン病などが知られている。こうした病気の原因解明や治療法の開発のためにも、分子レベルのメカニズムを神経回路の情報処理と一体化して解明することが大切な課題になっている。

ここからは、大脳皮質の前頭葉、側頭葉、頭頂葉、後頭葉、また、小脳、大脳基底核、大脳辺縁系、脳幹などのそれぞれのはたらきについて、筆者の見方も交えて述べることにしよう。右のような神経部位の解剖学的な分類は、心のはたらきとは一致しない場合が多いが、心と脳の関係についての知見をわかりやすく示す一つの方法として取り上げる。

前頭葉と情報制御

まず、眼のすぐ後ろや眼の上の方にある前頭葉を中心とした情報処理について考えよう。一九九〇年代以降、脳活動計測法の発展によって明らかになってきたことの一つは、長い間「思考の座」だと信じられていた前頭葉が、記憶、感情、社会性のような多様な心のはたらきを支えているということであった。つまり、前頭葉が、「クール」な思考のはたらきとともに「ホット」な心のはたらきを担っていることがわかってきたのである。

実際、脳活動の計測データをまとめてみると、前頭前野、運動前野、一次運動野など、前頭葉のいろいろな部位が、脳の他の部分との相互作用によって、きわめて多様な心のはたらきにかかわっていることがわかってきた。

たとえば、目標を定め、実現していくための計画を立てること、いろいろな行動を組み合わせて系列化し、実行すること、個々の事物を概念としてカテゴリー化し、記憶したり思考に用いたりすること、音声やリズムを創り出すこと、このあたりまでは「クール」なはたらきかもしれないが、さらに、矛盾や誤りを見つけたり、ウソをついたりごまかしたりすること、時間や空間、概念や感情が折り重なった複雑なエピソード記憶の情報を記憶したり想起したりすること、他人の気持ちや意図、自分の心の状態を推測すること、他者とうまくコミュニケーションを取ること、衝動的な行動や直接的な感情を周囲の状況に応じて抑制することなど、「ホット」なはたらきについても枚挙にいとまがない。

これらの特徴をもう少しまとめてみよう。何かの運動をしたりことばを話すとき、筋肉や関節の動きの情報、音韻や単語の情報など、小さな情報の要素が心の中で組み合わされて系列化され、つくられた系列が実際の体の動きや発話になって外に現れる。意思決定をするときや行動を選択するときには、判断や行動の結果を予測したり、得られる報酬や罰を推測したりする。エピソード記憶を想起するときには、いろいろな記憶の情報を組み合わせて系列化し、意識化する心の機能がはたらいている。

こうした多様な心のはたらきに共通しているのは、いろいろな情報を系列化したり、並べ替えたり、別の表現に変換したり、学習、予測、計画など新しい情報を創り出したりすることである。このことから、前頭葉のいろいろな部位(とくに一九八〇年代の末から作動記憶や情報の制御に強く関与していることがわかってきた前頭前野)が、他の神経系と相互作用しながら、こうした情報の制御のはたらきを支えていると考えることができる。

作動記憶は、このような情報の操作を行うだけでなく、衝動的な行動や感情を抑制する情報制御のはたらきにも強く関与している。このことは、前頭前野が損傷を受けると衝動的な行動や感情が出てくることからも推測できる。

また、他者や自分の心の状態を推測したり、他人とコミュニケーションを取ったりする心のはたらきの背後には、社会的な関係を感じたり、理解したりする複雑な機能が隠れている。こうした機能は、前頭葉のいろいろな部位と大脳辺縁系や頭頂葉のような他の神経系との相互作用によって現れるものと考えられる。

前頭葉は、「クール」な思考や記憶だけでなく、「ホット」な感情、社会性に至るまで、きわめて多様な心のはたらきにかかわっているのである。

エピソード記憶と意識

第2章にあげた「マドレーヌの回想」は、プルースト自身の回想といわれる。そうだとすれば、これはプルーストのエピソード記憶ということになる。マドレーヌと紅茶のエピソードを思い出したとき、プルーストは彼自身が記憶のなかに現れるのを感じただろうか。

エピソード記憶の概念を提唱したタルヴィングは、エピソード記憶を想起するときに感じられる自分についての意識を自己想起意識(autonoetic consciousness, 第3章も参照)と呼び、エピソード記憶とは心の中に自己想起意識がつくられる記憶のことだと主張している。

右半球の前頭前野はエピソード記憶の情報を思い出すはたらき、左半球の前頭前野はエピソード記憶の情報を覚えたり、意味記憶の情報を思い出すはたらきに主にかかわっているという説もあるが、批判も多い。研究は急速に進んではいるが、エピソード記憶の情報処理についてはまだわかっていない点が多い。とくに、エピソード記憶と自己意識の関係を科学的に探究することは、これからの認知科学の主要なテーマの一つになると考えられる。

また、運動主体感(sense of agency, 第3章)、つまり、自分の体の動きや視線の動きが自分の動きであるという感覚も、右の自己想起意識に似た自己意識であるが、こちらは側頭葉の下部にある紡錘状回がかかわっているといわれている。紡錘状回は、顔自体は知覚できるが顔の表情がわからなくなる相貌失認にも関係があるとされ、運動主体感がこうした心のはたらきとどうかかわっているのかという問題も、これからのテーマの一つである。

エピソード記憶や運動主体感とともに立ち現れる自己意識は、その場の感覚情報や記憶情報などをもとにして心の中に創り出される情報表現の一種である。意識の情報処理についてもわかっていないことが多いが、とくに前頭葉と大脳辺縁系や脳幹との相互作用によって、意識下で処理されている情報にむしろ後づけで時間的、空間的、概念的な表現を与え、意識にのぼらせること、また逆に、意識の情報処理によって意識下の処理に影響を与えることに、前頭葉のはたらきが強くかかわっているものと考えられる。

実際、意識されるよりも早く意識下での情報処理が始まることを示唆する知見が蓄積されつつある。米国の生理学者リベットらが、一九八〇年代の初頭、手を動かし始めようと意識するより前に、動かそうとする意思決定の準備が意識下で始まっていることを見出した実験は、批判も多いが、こうした方向の一つのきっかけになった。また、認知心理学者の下條信輔らは、二〇〇〇年代の初めに、二つの顔を見比べてどちらが好きかを意識して判断するときには、すでにその前に眼が(意識せずに)好きな顔の方に動いていることを見出している。

側頭葉と意味情報処理

側頭葉は、左右の前頭葉の後部で後頭葉の前部、左右の耳の奥にある。側頭葉の大きな役割は、見えたり聞こえたりしている知覚情報を、記憶のはたらきを用いて概念やことばの表現に変換し、その意味を推測し、記憶し、想起する、たいへん複雑な脳の活動を支えている点にある。たとえば、側頭葉左半球の前部は、行為や生きているものについての意味の記憶、中央部から後ろの方は道具など生きていないものの記憶に関与しているといわれ、色の知覚や色についての意味情報の記憶にも関係がある。

左前頭葉の前頭回にあるブローカ野と左側頭葉の上側頭回にあるウェルニッケ野が、それぞれことばの発声と理解にかかわっていることは一九世紀から知られているが(第4章)、その後、周辺の神経系も含めて、実はいろいろなはたらきが重なっていることがわかってきている。

また、側頭葉の外側にある側頭回は、音声情報の処理、音声から語彙への変換、語彙の意味処理などにかかわっていて、音声のような聴覚情報から語彙の意味を推測するはたらきを支えている。発達の過程では、生後一年ぐらいまでに母語の音声的特徴を記憶する役割も担っていると考えられている。

ただし、ことばを産み出したり、記憶したり、想起したりする脳のはたらきには、まだ解明されていない点がたくさんある。

側頭葉の外側部がことばの理解やバイオロジカルモーションの知覚、運動の想起、意味のある行為のイメージ化などに関与していると考えられているのに対して、側頭葉の内側部は、とくにエピソード記憶にも関係しているといわれる。たとえば、スクワイアーらは、側頭葉の内側が損傷を受けるとモノに関する記憶情報は思い出せるがエピソード記憶の想起ができなくなる場合があることを主張し、ふるさとの地図は思い出せるがふるさとでのエピソード記憶は想起できない患者の例を報告している。

右に述べたように、側頭葉は総じて、視覚や聴覚のような知覚情報や記憶情報が処理され、まとめられて、モノの概念やことばの意味が情報表現として創り出され、記憶され、想起される過程に関与している。また、こうした情報処理と、大脳辺縁系との連携による記憶の情報処理、前頭葉の各部位との連携による思考や記憶の情報処理、また以下に述べるような頭頂葉や後頭葉が関係する体の動きや社会性の情報処理などとの連携に深く関与している。

側頭葉のいろいろな部位は、他の多くの神経系との相互作用によって、とくに概念やことばや意味の情報処理を支える役割を果たしていると考えられる。

側頭・頭頂接合部と立場

私たちは、他人の気持ちに共感したり、自分の心を感じ取ることができるだけでなく、他人の立ち位置に立ったと想定してモノを見たり、自分を背後から見たりすることができる。心の中で自分の視線や体の方向から離れ、他者から見た視線の方向や他者の立場に立った体の方向をイメージするはたらき、つまり自分の心の中で他者の心や別の立場に「乗り移る」イメージのはたらきは、私たちが心の中で自由な位置から空間を眺め、操作し、空間の中に入り込むための、大切な心のはたらきである。

右のような心の機能がはたらくときには、側頭葉と頭頂葉の接する部分にある側頭・頭頂接合部(TPJ、Temporal-Parietal Junction)が活動することが知られている。

また、自分の意識がすーっと自分自身から離れてしまう、離人症のような感覚をもつことがある。また、それほど大げさでなくとも、何かを注視していた眼を別のモノを注視するように動かす(サッケードという)ときにもフッと意識が飛ぶ感じがする。TPJは、こうした現象にもかかわっているといわれる。

なお、側頭葉、頭頂葉、後頭葉が接合するあたりの大脳皮質のしわが凹んだ溝の部分を側頭溝と呼ぶが、側頭溝付近の神経系は、顔や眼、口、足、体の運動、人の動きなどを認知するはたらきにかかわっている。また、側頭溝の後部は、他者の視線の方向を認知するはたらきにも関与している。

顔の表情や視線の動きは感情や行為の意味を表す情報にもなる。したがって、側頭溝やTPJ周辺の神経系は、社会性のはたらきのうち他者の表情や視線の方向などの基礎的な情報の収集に役立っているのではないかと考えられる。

頭頂葉とシミュレーション

頭頂葉は、頭の上のほうにあり、側頭溝によって側頭葉と、中心溝によって前頭葉と、頭頂後頭溝によって後頭葉と、解剖学的には一応分かれている。ただし、これらの部位とは神経経路で密につながっており、さまざまな神経部位との相互作用を通して、動き、方向、体のバランス、音声など、身体にかかわる心のはたらき、心の中にイメージを創り出し、操作するイメージのはたらき、また他人の真似をするなどの社会性のはたらきに深くかかわっている。こうした機能をまとめてひとことで言えば、身体と社会性のはたらきを心の中で制御することだと考えられる。

また、前に述べたように、ミラーシステムのはたらきをする神経系が、前頭葉だけでなく、頭頂葉の体性感覚野、痛覚野などにもあることがわかってきている(第8章)。他者が体を触られたり痛みを感じたりするのを、自分が触られたり痛みを感じるかのように、心の中に自分自身を登場させて他人をシミュレートする情報処理のメカニズムが内在しているのかもしれない。

実際、頭頂葉のいろいろな神経系は、視覚的イメージの回転(メンタルローテーション、第7章)、遠くのモノを手で直接でなく手に持った棒を伸ばして取るような動作、自分を原点にした空間的な位置や自分を俯瞰的に見た空間位置の情報処理、時間の流れを含んだ情報(時系列情報)の処理、運動系列の予測などにかかわっていることが知られている。

さらに、頭頂葉は、前頭葉が支える思考や記憶のはたらき、側頭葉がかかわる聴覚や言語、記憶のはたらき、後頭葉の視覚のはたらきなどと協調しやすい位置にある。こうしたことから、頭頂葉は、他の部位との相互作用を通していろいろな知覚情報や運動、体性感覚などの情報を統合し、心の中に思い浮かべたイメージを動かしたり、心の中で体の動きや方向を変化させたりする「他者や自分の身体のシミュレーション」に強くかかわっているものと推測できる。

とくに、心の中につくられる外界のモデル、つまり多様な情報を組み合わせた統合的なイメージを心の中で動かしたり、心の中で自分の動きや方向を変化させたり、他者と自分の身体的、位置関係を心の中に表現したりするはたらきの基礎を担っていると考えることができるのである。

後頭葉と視覚イメージ

頭頂葉と側頭葉の後ろのほう、脳の一番後ろに後頭葉がある。見る、聞く、触るなどの知覚情報の中で際立って情報量が多いのは視覚の情報で、後頭葉の大部分は主に視覚情報の処理に関与している。一九九〇年代以降も視覚情報処理の研究は盛んに行われてきたが、その一方で、心の中で視覚イメージを創り出すのに後頭葉がかかわっていることも明らかになってきた。

たとえば、トンネルの中を走る象の群れをイメージするには、トンネルや象を思い浮かべることも大切だが、思考のはたらきによってトンネルの内部や象の群れの光景を組み合わせることが必要になる。それには、少なくとも後頭葉と前頭葉の相互作用が不可欠である。

実際、心の中で視覚イメージがつくられるときには、視覚情報処理を担う後頭葉の視覚系だけでなく、思考やエピソード記憶の生成を担う前頭葉の前頭前野などが活動することがわかってきている。

また、狭い視野の中に焦点の合った鮮明な視覚イメージを思い浮かべるときには、後頭葉の中でも脳の最後尾にある一次視覚野（線条体皮質、有線皮質ともいう）が強くはたらくとする考え方もある。広い視野をもった広角のイメージを思い浮かべる場合は、一次視覚野よりも側頭葉に近いほうにあるＶ２野、Ｖ３野、Ｖ４野、Ｖ５野（合わせて外線条体皮質、有線外皮質）と呼ばれる部分、あるいは頭頂葉に近いＭＴ野などが強く反応する傾向があるといわれる。

ただし、こういう話は、「イメージ」とは何かということがはっきりしないと先へ進めにくい。イメージの内容はたいへん豊かで、さきにも頭頂葉のところで述べたように、視覚的な情報に感情や概念や運動の情報が重なっていることが多い。このため、視覚イメージといっても、たとえば象の群れのように、動きもあり概念としての意味もあるイメージの場合は、後頭葉と前頭葉だけでなく、形や色には側頭葉が、動きや方向、体性感覚には頭頂葉がはたらいており、左後頭葉の内側部はことばや概念の意味の想起、頭頂葉に近いＭＴ野やＭＳＴ野は運動や行為の想起、さらには感情、運動、意識下のいろいろな情報処理にかかわる大脳基底核や大脳辺縁系がかかわっていると考えるほうが自然である。つまり、視覚イメージを思い浮かべるはたらきには、知覚と思考の機能はもちろん、多くの神経系の複雑な相互作用がはたらいていると考えたほうがよい。

なお、さきに相貌失認に関して触れた紡錘状回は後頭葉の近くにあるが、失認症の中でも対人関係に強く関係する相貌失認の解明は、失認症の克服にとって大切なことはもちろん、顔の表情の理解という基本的な心のはたらきをえぐり出す糸口として重要であり、とくに、社会性の情報処理の解明に大きな役割を果たす可能性がある。

小脳——運動から思考へ

後頭葉の下方、脳幹の後方には、たくさんの神経細胞が密集した小脳がある。大脳皮質の神経細胞全体の数よりも神経細胞の数が多いとされる小脳は、昔から運動や運動学習のはたらきを担う部位として注目されてきた。なかでも、第6章に述べた運動学習メカニズムの研究はよく知られている。

一九八〇年代から九〇年代にかけては、小脳と他の神経系との相互作用のモデルも提唱されるようになった。小脳から視床を経て大脳皮質に至る神経経路があるが、その一方で大脳皮質から脳幹にある橋を経て小脳につながる経路もある。また、大脳基底核から視床を経て大脳皮質に至る神経経路があり、逆に大脳皮質から視床を経て大脳基底核に戻る経路もある。計算神経科学者の川人光男らは、小脳と大脳皮質の間の回路をフィードフォワード（出力の値を入力に戻すフィードバックと逆に、入力の値を使って実際の出力より先に出力値を予測する)システムとみなし、大脳基底核と大脳皮質を巡る神経回路をフィードバックシステムと考えて、これら二つのシステムを複合した情報処理モデルをつくり、運動の制御や運動学習のメカニズムを説明している。

また、小脳には実際の運動の入力と出力の関係をシミュレートするモデル(内部モデル)が生成され、心の中での運動イメージの生成に大きな役割を果たすと考えられるようになってきた。

さらに、運動のはたらきの基礎は、いろいろな要素を系列的に組み合わせてその全体を制御するという機能である。この機能は、手足の筋肉や骨格の制御だけに限らず、心の中での身体のシミュレーション、複雑なスキルを学習するときの思考のはたらき、さらには、ことばを話すときに必要ないろいろな機能の調整、概念やことばの表現を系列化する言語のはたらきの中にもある。このため、小脳は、運動だけでなく、思考やことばなど広い範囲の心のはたらきに深く関与しているのではないかとする考え方も出てきている。

さらに言えば、運動、言語、思考など、一見違った機能に見える心のはたらきの基礎に何らかの共通した部分があって、小脳を含む広い範囲の神経系がその基礎的な部分の情報処理を担っていると考えることもできる。とくに、運動のはたらきの基礎にある、体の個々の動きを系列化する機能が、言語や思考のような抽象的な情報を系列化する機能の進化に役立ってきたと考えるのは、むしろ自然な考え方だろう。

大脳基底核——意識下の思考

脳活動計測法の発展が明らかにしてきたことの一つは、イメージや思考のはたらきは意識にのぼる部分だけでなく、むしろ意識下の情報処理によって支えられている部分が大きいということである。こうした意識下のはたらきを担う神経系として注目を浴びてきたのが大脳基底核である。

大脳皮質の奥に、脳幹を囲んで大脳基底核がある。大脳基底核は、大脳の一部に分類されるが、やや古い神経部位の集まりである。線条体(尾状核と被殻)、淡蒼球、視床下核、側坐核、黒質などからなる複雑な構造をしており、視覚、聴覚、運動など、感覚細胞からの情報の種類ごとに、脳幹にある視床の各感覚領域を経て、大脳皮質にある視覚系、聴覚系、運動系などの各感覚野と別々につながっている。その一方で、脳のさらに内側に対しては、脳幹にある中脳などともつながっている。

大脳基底核は、さきにパーキンソン病の原因のところでも触れたように、前頭葉の運動野と連携して、運動や運動のイメージのはたらきを支えている。その一方で、脳幹のいろいろな部位と協調して、意識にのぼらない思考、記憶、学習などのはたらきにも関与している。

とくに、運動の系列化と同じように、大脳基底核にある黒質や中脳にある被蓋部の細胞から放出されるドーパミンが大脳基底核の中の線条体に作用し、線条体から視床、大脳皮質を巡る神経回路のはたらきを変化させることによって、(他の神経系との相互作用のもとで)意識下のはたらきが制御されている。運動だけでなく、思考の要素を系列化したり、刺激と反応を関係づけて記憶したり、さらには社会的な報酬や罰の評価を行っているものと考えられる。

こうした情報処理は、前頭前野などが強く関与しているとされる意識のうえでの思考とは別の、意識下の思考のはたらきとみなすことができる。人は、意識して思考しているだけでなく、むしろ大脳基底核などのはたらきに支えられて、意識にのぼらずに思考している部分が相当に大きい。

意識下の思考のはたらきは、基本的に「そういう刺激ならばこういう反応をする」といった刺激—反応の直接的な関係による経験的なものであり、意識的な思考やことばのはたらきと違って、いろいろな刺激—反応の関係についての学習や馴れの情報処理が中心になる。こうした情報処理の背後では、被蓋部や黒質からのドーパミンの放出量に依存して線条体でのシナプス結合の強さが可塑的に変化する、シナプス結合における学習が起こっていることも示唆されている。

大脳基底核のはたらきがかかわる意識下の学習は、思考だけでなく、運動のはたらき、また他者が注意を向けている対象に自分も注意を向ける、共同注意のような社会的はたらきについても生じていると考えられる。

大脳基底核が支える学習のはたらきは、情報科学で知られた強化学習(何かの行動によって利益が得られればその行動をさらに行うようにし、損をすれば次からはその行動を取らないようにしていく学習方法)のアルゴリズムでよく説明できるため、多くの情報処理モデルが提案されてきた。ただし、大脳基底核の学習モデルによって直接説明できる現象は、机に触って熱いと感じたら机に触るのを避けるようになるといった、刺激と反応が直接結びついているような、報酬の評価に直結した単純な学習に限られる。

大脳辺縁系――記憶と感情

この本では、感情と記憶のはたらきが切っても切り離せないことを何度も述べてきた。その根拠は、大脳新皮質の内側、脳幹との間に大脳辺縁系と呼ばれる神経系があり、複雑多岐にわたる神経回路によって、感情、記憶、報酬や価値の評価などのはたらきを支えていることがわかってきたことにある。

大脳辺縁系は、大脳新皮質より進化的に古い皮質や核からなる複雑な神経系で、帯状回、海馬、海馬傍回などからなる辺縁皮質、および扁桃体や、(間脳にあるともいえる)視床下部、乳頭体などからなる皮質下核、さらに脳弓や脳弓交連などからなる連絡線維などからできている。

なかでも、海馬とその周辺の神経系が記憶にかかわっていることは、神経損傷による記憶障害の症状などによって昔から知られていたことで、そのため長い間「記憶の座」と呼ばれ、多くの研究者を惹きつけてきた。

ただし、実際に心の中で記憶の情報がどのように創り出され、どこに保持され、どのように想起されるのかについては、まだ未解明の点がたくさんある。「記憶の座」といっても、海馬やその周辺の領域が相当量の記憶情報を保持する場になっているのか、あるいはこうした領域は主に記憶のはたらきを制御していて記憶情報自体は次第に大脳皮質に送られてそちらで保持されるのか、それとも記憶の制御だけでなく作動記憶の情報を保持するのに使われ、長期にわたる記憶の保持は大脳皮質の神経系によるのか、実際にはまだよくわかっていない。

また、記憶からの想起についても、積極的に「思い出す」のと、何となく「知っている」ことが意識にのぼるのとでは、情報処理のしかたが違うと考えられる。この本で何度か述べたように、記憶には多くの種類があり、その違いによって多彩な記憶の現象が現れる。とくに、記憶のはたらきは心の障害に深い関係があり、詳しい情報処理メカニズムの解明は、むしろこれからの大きな課題として横たわっている。

大脳辺縁系の下部には、「感情の座」ともいわれる扁桃体がある。たとえば、扁桃体の神経系は、知っている顔の恐怖の表情よりも知らない顔の恐怖の表情に強く反応する、信頼できる人より信頼できない人の顔に速く反応する、社会性に関係のある顔の表情だけでなく、社会性とは縁がないと思われるヘビを見せられても反応する、知覚や注意のはたらきと協調して脅しの情報を検出する、その他多くのことが知られている。

こうした知見を総合すると、扁桃体はとくに、脳に入力された刺激情報が良いもの（報酬）か良くないもの（罰）かを識別する評価、とりわけネガティブな評価を行う情報処理にかかわっていると考えられる。ただし、扁桃体だけで感情やその評価の情報処理を行っているわけではなく、前にも述べたように、島皮質、帯状回、眼窩前頭皮質など、他の多くの部位との相互作用によって感情の情報処理が行われていると考えるべきである。

また、扁桃体はポジティブな情報の評価にもかかわっているとする研究もあり、むしろ刺激が生命機能を強くはたらかせるようなものであれば反応すると考えたほうがよいかもしれない。その意味で、海馬をひとことで「記憶の座」とは言えないのと同じように、扁桃体を「感情の座」だとひとことで言うことはできない時代になっているのである。

脳幹—心のありか

心は物質ではないから所在の場所はない、はずである。しかし、「あなたの心はどこにあると思いますか」と尋ねると、かなりの人は自分の胸のあたりにあると言う。頭の中にあるという人はむしろ少ない。「心がおどる」、「心がいたむ」、「心がかよう」などと言うが、おそらくは、嬉しかったり、悲しかったり、共感するとき、脳のはたらきは意識されず、心臓の鼓動が速くなったり、胸が締めつけられたり、呼吸が不規則になるのが意識されるからだろう。

心拍、呼吸、血圧の調節、さらには眠ったり目覚めていたりする睡眠と覚醒のはたらきなど、生きていくための基本的な機能には、脳の一番奥にある脳幹が深くかかわっている。脳幹には、間脳、中脳、橋、そして皮膚や筋肉や骨格の神経細胞から脊髄を経て脳への入り口になっている延髄などの部位があり、知覚、感情、社会性、イメージ、思考などのはたらきに関与する大脳皮質、大脳辺縁系、小脳のような部位と複雑につながっている。

脳幹のはたらきが支えているのは、生物として生きることだけではない。他の多くの神経系と相互作用することによって、複雑な感情や社会性、記憶や思考など、人間に特有のさまざまな心のはたらきを支えているのである。

脳活動計測法の発展は、脳幹のような脳の深部にある神経系の活動も明らかにしてきた。こうした方法や、脳のはたらきの相互作用を解析する方法(コネクティビティ解析)を発展させることによって、脳幹のはたらきと他の神経系との相互作用を情報処理の面から明らかにしていくことが今後さらに必要になる。こうした研究が、この本で述べてきた、環境と心、社会と心、身体と心の関係、そして「生きること」と心の関係にも新しい光を当てることになる。

脳活動計測の時代を超えて

右に述べてきたように、一九九〇年代以降、脳活動計測法の発展と普及のお蔭で、感情や意識下の思考、社会性のはたらきをはじめ、それまでわかっていなかった心と脳のはたらきに、急速に光が当てられるようになった。また、障害の症状などの知見も蓄積され、心と脳のはたらきの関係について、多くの成果が得られてきた。

しかし、脳活動の計測装置を用い、心のどんなはたらきに対して脳のどんな活動が対応するかを見ているだけでは、心と脳のはたらきの関係を明らかにすることは難しい。ECoGやTMSのように因果関係を推測できる方法もあるが、一般には、心のはたらきが脳のはたらきから「どのようにして」生じるか、また脳のはたらきをどのように産み出すかについて、説明の方法を与えてはくれない。また、心のはたらきを社会や文化との相互作用のもとでとらえようとすると、脳のはたらきだけを追究する方法には限界がある。

心と脳の関係を科学的に解明していくには、特定の心のはたらきがどんな生物学的構造のもとでどのような情報処理によって起こっているのかを、他の心のはたらきとの相互作用を十分考えながら探究していくことが大切である。社会や文化との相互作用についても、その特徴をよくつかんだうえで、心の情報処理としての解明を進め、それを通して心と脳のはたらきをさらに探究していくことが大切である。

それには、この本でも心のはたらきの基本的な要素として重視してきた記憶、イメージ、思考、運動、学習のような用語の意味を、もう一度問い直してみる必要さえあるかもしれない。心のはたらきについて専門家が使ってきた用語の意味は、実はかなりあいまいだからである。たとえば、エピソード記憶を心の中に創り出すはたらきを考えてみれば、記憶、イメージ、思考のはたらきをどこで区別すべきか、それほど明らかとはいえない。

こうした課題が露わになってきたのは、逆説的ではあるが、むしろ脳活動のデータが蓄積され、心と脳の関係が見えてきたからでもある。情報の概念や情報科学の方法論に基づいた心と脳の探究を続ける先に、心のはたらきを表現してきた用語の体系を再構成する日が来るかもしれない。

この章で述べてきたように、脳活動計測法の発展、また他のいろいろな方法の開拓によって、この二〇年あまりの間に、心と脳の関係が飛躍的に明らかにされてきた。認知科学は、こうした貢献を土台にして、さらに新たな方向を切り拓いていくであろう。この本で、認知科学を「知的営み」と呼び、完成した学問分野の一つだとは決して書いてこなかったわけは、この点にある。

第10章　未来へ——医療・身体・コミュニケーション・教育・デザイン・芸術・創造性

認知科学が一九五〇年代に誕生してから六〇年近くが経ち、この本に述べてきたような多くの成果が得られてきた。しかし、その一方で時代は大きく変わり、東西冷戦後の世界の変転とインターネットの普及を経て、私たちは二一世紀のグローバル社会に生きる人間になった。

この章では、こうした時代の変化を感じながら、認知科学が挑戦すべき未来への課題について述べることにする。課題は限りなくあるが、その中でも、この本で述べてきた成果を土台として将来にわたる光が見えるようなテーマをいくつか選び、筆者の考えも交えて考えてみることにしよう。

1　医療

分子と心

一九九〇年代ごろから、脳の中で生成される神経伝達物質や脳内を伝わるホルモンの分子が脳のはたらきに与える影響について、驚異的な研究の進展があった。

神経伝達物質は、脳の神経細胞やグリア細胞、あるいは内分泌系や自律神経系における化学反応のもとで生成され、基本的にはシナプス細胞の中の終端近くに分布する小胞と呼ばれる小さな袋の中に貯えられて、その細胞内を伝わる活動電位が細胞の終端に達すると、細胞膜の間の電位差で開くイオンチャンネル(第5章)を通ってシナプス結合の間隙に放出される。そして、放出された神経伝達物質の分子が隣のシナプス細胞の受容体に結合することによって、分子を放出した細胞の活動電位に関する情報が受け取ったほうの細胞に伝わる。

シナプス結合の間隙は約一万分の一ミリ程度しかなく、しかも、(数え方によるが)伝達物質の種類は一〇〇〇以上、受容体の種類も一〇〇〇以上あるといわれる。こうした分子レベルの情報処理が脳神経系のはたらきを支え、それがさらに心のはたらきを支えている。

こうしたことから、分子レベルのメカニズムを解明して、急速に増えている心の障害の治療や予防に役立てる努力が続けられてきた。

たとえば、神経伝達物質の量を制御することで、心の障害が進むのを抑えることが考えられる。実際、認知症の多くを占めるアルツハイマー病の特徴の一つは大脳皮質や黒質の細胞が萎縮する点にあるが、アセチルコリンのような神経伝達物質の量を制御する薬を投下することでその萎縮をある程度遅らせることができるようになる。また、軽度まで入れるときわめて多くの人がかかっているとされるうつ病などについては、セロトニンの量を増やす薬によって症状が進むのをある程度抑制できるようになる。さまざまな不安障害についても同様のことがわかってきている。

現在も、心の障害の治療と予防のために、新しい薬の開発に世界中で努力が注がれている。ただし、心の障害はさまざまな現れ方をする。このため、病態の診断が難しく、原因を特定しにくい。逆に言えば、早期に発見して適切な治療を施すことが大切である。

また、こうした応用とともに、脳の特定のはたらきを推測する指標になる分子マーカー(タンパク質の場合)や遺伝子マーカー(遺伝子の場合)などの基礎研究も進み、神経細胞の内部や神経回路における情報伝達のしくみの解明や、原因のわかりにくい心の障害の病態の解明が研究の俎上にのぼるようになった。第9章に述べた脳活動計測装置の普及と並行して、心のはたらきを分子レベルで解明できるのではないかという期待が高まってきたのは、この二〇年間の心の探究の大きな特徴である。

神経伝達物質や分子マーカーをはじめとする分子レベルのメカニズムによって障害の病態や原因を探る研究は爆発的に増えており、ストレス性外傷障害、パーキンソン病、注意欠陥・多動性障害、うつ病、統合失調症など、多くの神経障害について臨床の可能性が期待されている。

ただし、心の障害の原因はとても複雑で、神経伝達物質にしても分子マーカーにしても、単独の物質だけで病態が説明できるとは考えにくく、たくさんの種類の分子の相互作用がかかわっていると考えるべきである。多種類の分子の相互作用を明らかにしていくには、分子レベルの情報処理モデルがどうしても必要になる。

最近では、脳の特定の活動について仮説を立てて演繹的に研究を進める仮説指向(hypothesis-driven)の方法だけでなく、大量のデータを取ってそれを網羅的に解析するデータ指向(data-driven)の方法に関心が向くようになってきた。たとえば、大量データの規則性を自動的に発見するアルゴリズムや、ベイズ推定と呼ばれる数理統計学的な方法が急速に導入されている。分子の挙動と心のはたらきをつなぐには、認知科学が基礎にしてきた情報の概念と情報科学の方法論が活きてくるのである。

心の障害と総合的なケア

病態の診断によって原因が特定でき、分子レベルの治療法によって治療をすればそれだけで治癒するのかというと、ことはそれほど単純ではない。右にも述べたように、脳の中では分子のレベルで複雑な相互作用があると考えられるうえに、心のはたらきは脳のいろいろな部位の相互作用によるものであり、脳の状態が変わると、患者の心の状態や行動のしかたが大きく変わってくるからである。

たとえば、第8章で触れた自閉症の原因については、これまでに多くの可能性が検討され、社会性のはたらき、ストレス、遺伝などについて多くの見解が考えられているが、決定的な原因はまだわかっていない。相手の眼を見ないという行動的な特徴が自閉症の患者に見られることがあるのは、脳のはたらきの面では、顔の表情の認知にかかわるといわれる紡錘状回のはたらきがアセチルコリンの減少によって弱まっていることと関係があるのではないかという説もある。しかし、心のはたらきとしては、恐怖を避けるために顔を見ないのではないかという見方もある。脳のはたらきについても、自閉症の症状では、紡錘状回だけでなく、島皮質の前部や帯状回の後部のはたらきが弱まることが指摘されている。自閉症への対応には、狭い意味での医療だけでなく、多様な心のはたらきや行動に対応する総合的な心のケア、またそれを可能にするコミュニティや社会システムの整備が不可欠である。

別の例として認知症をあげよう。認知症にはいろいろな種類があるが、総じて何かをしたいという意欲が低下することが多い。また、認知症のうちでも、アルツハイマー病では妄想や徘徊のような心や行動の異常が起こることが他の認知症よりも多い傾向がある。その一方で、前頭葉や側頭葉の病変で起こる前頭側頭型では、行動の抑制が外れて(社会的には)突飛な行動をしたり、ことばの障害が起こったりすることが多い。認知症に対応するには、脳の局所的なはたらきだけでなく、広い範囲にわたる心や身体のはたらきを理解しなければならないのである。

さらには、認知症は社会のあり方と深い関係にある。たとえば、アルツハイマー病で起こることの多い、親しい人が自分の財布から金を盗んだという妄想の症状が出るのは、日本ではとくに女性に多い(英国では男女それほど差がない)という報告がある。このことは、認知症の症状が、その人が暮らしてきた社会や文化に深く影響を受けることを示唆している。

高齢化によって認知症が急増している日本では、家族の介護疲れが加速され、ボランティア依存の限界が明らかになり、その一方でデイケアのような介護サービスも熟練者の不足などでなかなか立ち行かない。とりわけ、話し相手のいない一人暮らしのお年寄りが、心のはたらき、とくにコミュニケーションのはたらきをどう維持するかは、認知症の予防に重要な点と考えられるが、それには高齢者とのコミュニケーションの場が常に開かれているような社会づくりを心掛けていく必要がある。

右には自閉症や認知症を例にとって述べてきたが、心、脳、社会の三つの面がかかわっている点は、うつ病、不安障害、統合失調症、その他多くの心の障害を通じて同じことである。こう考えると、心、脳、社会の三つの面すべてをシステムとして理解し、心のはたらきを脳や社会のはたらきに結びつけて、総合的な心のケアにあたることが大切であり、それは、この本で述べてきた認知科学の基礎を理解することに通じている。

2　身　体

身体と心

心のはたらきは脳のはたらきによるものだが、人間は脳だけでできているわけではなく、感覚細胞や神経や血管が張り巡らされた身体を発達させる。脳だけでなく身体があって初めて、人は心をもつことができる。しかも、身体があることによって、脳を頭蓋骨の中にもったまま歩いたり走ったり移動したりすることができる。

たとえば、神経科学者のダマシオは、身体に分布したいろいろな感覚細胞からの情報が感情のはたらきを引き起こし、その情報が思考や意思決定を後押しするというソマティックマーカー仮説(ソマティックは体のこと)を提唱し、身体の重要性を強調した。

また、仕事、生活、学習、その他、私たちが毎日のようにしているいろいろな活動は、多様な環境の中で体を動かして行われている。人間の生活の大部分は、体の動きによって周囲の環境と相互作用することで成り立っており、心や脳が身体と離れてはたらいているわけではない。

たとえば、歩くという動作一つとっても、足の裏で感じた床の硬さや目で見た床の状態の情報が脳に伝わり、スムーズな歩き方の情報が計算されて、つま先、かかと、膝、腰などに伝えられる。ロボット研究者の國吉康夫らは、子宮の中にいる胎児の動きのシミュレーションに基づいて、お母さんが体を動かすことによる子宮の内壁の動きと胎児の動きの相互作用によって胎児が運動のはたらきを学習し、生後の活動の基礎をもたらす可能性を指摘している。

歩いたりするだけでなく、いろいろな動作が、脳や心が発達するにつれて、身体と心のはたらきの相互作用によって行われるようになる。私たちは、このメカニズムのお蔭で、複雑多様な生活環境をほとんど意識せずに暮らすことができる。

イメージと身体

身体のはたらきは、環境との相互作用の可能性を広げる。また、ジェスチャーのようにコミュニケーションに使われることで、他者や社会との相互作用の可能性を広げる。お母さんと赤ちゃんの愛着関係は、そのかなりの部分が、お互いの体の動きや体の触れ合いの相互作用によって形成されると考えられる。人間とロボットの相互作用を研究している今井倫太らは、人とロボットの間のコミュニケーションが、ロボットが相手の人間と同じようなジェスチャーをすることによって円滑に進むことを見出している。

さらに、身体は心の中での運動のイメージとも相互作用する。たとえば、人は、体の動きのイメージを、実際の筋肉や関節の動きに反映させることができる。鳥のように空を飛ぶイメージを思い浮かべ、そのイメージを身体に反映させて、手をひらひらさせながら跳び歩くパフォーマンスをすることができる。逆に、実際に体を動かした経験をもとに、運動のイメージを心の中に思い浮かべることもできる。スポーツ選手がよく行うイメージトレーニングは、こうした心のはたらきによるものである。

ただし、体の動きと心の中での運動のはたらきの関係はそれほど単純ではない。運動のイメージがそのまま体の動きになるわけではないし、体の動きがそのまま運動のイメージになるわけでもない。海の底を魚のように泳ぐイメージを思い浮かべることができても、それは実際の体の動きにはならないし、よほどの競走選手でなければ自分の走るフォームを心の中で精密にイメージできるわけではない。

運動のはたらき自体は、第9章に述べたように、小脳、大脳基底核、大脳皮質などの間の相互作用のモデルによって説明できるようになってきたが、運動のイメージを創り出す脳のはたらきは、おそらくエピソード記憶とも深い関係があり、心の探究にとって決して外すことのできない大切なテーマになってきている。

また、心の中のイメージと体の動きが整合しているかどうかは、新しい知識やスキルを学ぶことに大きな影響を与える。たとえば、デジタル携帯端末を使って学習する子どもにとって大事なことは、教材を読んだり、検索したり、デジタルノートにメモを書いたり、まとめたり、ネットを使ったりするときに心の中ではたらくメンタルモデル(第8章)と、端末を使う運動のはたらきが整合することである。

端末が重かったり、タッチパネルが滑ったり、ディスプレイが小さかったり、ソフトウェアのロードや実行が遅かったり、使えるソフトを途中で探す必要があったり、ネットのスピードが心の動きに比べて遅かったりすると、実際に機器を使う体の動きとメンタルモデルの動きが合わなくなる。学習に使う端末や教材は、このような面からも評価される必要がある。

身体の認知科学

運動のイメージだけでなく、記憶、感情、社会性のような心のはたらきも、身体と相互作用する。古くはベルンシュタインによる能動的視覚（第6章）やギブソンのアフォーダンスの概念（第7章）のように、知覚と身体の関係については多くのことが言われてきた。また、顔の筋肉を恐怖の表情になるようにするだけで、自律神経系のはたらきが変わり、心拍が増え、汗が出て、恐怖に似た感情のはたらきが起こることが、一九八〇年代から知られている。最近では、表情の筋肉が動かなくなると他者の表情も感じなくなる傾向があることが、扁桃体の反応のデータに基づいて報告されている。さきに触れたソマティックマーカー仮説も、実験に基づいた身体と心の関係のモデルである。

ただ、身体と心のはたらきの相互作用が実際どのようにして起こるのかを探究するには、情報処理モデルをベースにした新しい方法が重要になる。

たとえば、ブレイン・マシン・インタフェース（BMI）と呼ばれる研究分野がある。BMIは、脳の中の情報を用いて外の世界にはたらきかけるシステムの総称であり、一九六〇年代の末から基礎研究が行われてきた。一九九〇年代の末に米国で、ラットにロボットの腕を制御するレバーを押す学習をさせた後、学習のときに活性化されていた一次運動野と視床腹側部の神経細胞数十個から得られた情報を直接ロボットに送り、レバーを押さずにロボットを制御するという実験が行われてから、多くの研究が進められるようになった。

最近では、EEG、NIRS、ECoG、実時間処理のできるfMRI(リアルタイムfMRIと呼ばれる)などによる脳活動計測(第9章)から得られる大量のデータをデータ指向的な方法(この章の初めの方で触れた)で解析し、その結果から得られる情報を脳の特定の部位にフィードバックすること(神経フィードバック)によって、神経障害があっても外部の機器を操作できるようにしたり、リハビリテーションの分野などの臨床に応用する研究が進んでいる。

ただし、知覚や運動に直接かかわる一次視覚野や一次運動野のような部位は、他の心のはたらきにそれほどかかわっていないと考えられるので、その活動データを解析すれば何の情報かある程度推測できる。しかし、いろいろな心のはたらきが重なっている多くの神経部位については、その活動データから得られる情報を神経フィードバックに使うには、データ解析技術の発展だけでなく、複雑な心のはたらきの分析が必要になるだろう。

右に述べてきた身体と心の相互作用には、数多くの応用分野が広がっている。環境設計、建築、演劇、教育、医療、介護、リハビリテーション、言語療法など、すでに応用が進んでいる部分もある。こうした応用をさらに進め、社会的な必要性に応えていくためにも、心と身体の相互作用について、情報処理の面から創造的な研究を展開していく必要がある。

身体と心の関係にまつわる未解決の問題として、記号接地問題(symbol grounding problem)をあげておこう。これは、もともと一九九〇年にハンガリー出身の認知科学者ハルナードが提起した問題で、記号とその意味はもともと人為的にくっついたものに過ぎないのに私たちの心の中では融合された感じがあるが、どのようにして単なる「形式的な記号とその意味解釈」という関係を超え、「記号に意味が内在化していくのか」という問いのことである。

この記号接地問題を身体と心の面から見ると、身体の感覚細胞を通して脳に入力される情報から、ことばや概念の情報処理のために心の中で創り出される記号情報がどのようにして生じるのかという問題とほぼ同義になる。この問題は、身体を通した体験や経験からどのようにして知識が産み出されるのかという学習の基本問題でもあるが、心と脳の科学的研究にとっては未解決の課題として私たちの前に横たわっている。

3　ネットワーク社会のコミュニケーション

一九九〇年代の半ば以降は、インターネットが世界中に開放され、デジタル携帯端末が市販されて、コミュニケーションの方法がマスメディアから個人同士の情報の交換や共有へと変化した時代にあたる。

第8章で触れたように、大脳皮質の進化についての検討に基づいて、直接対話の可能な安定的な集団の人数が一五〇人程度（一〇〇〜二三〇人）であると主張したのは、人類学者のダンバーで、一九九二年のことであった。これに対して、インターネット時代のソーシャル・ネットワーキング・サービス（SNS）によってコミュニケーションの仲間になろうとする人の数は、たとえばフェースブックでは五億人以上といわれるようになった。

直接対話が可能で安定的といわれる一五〇人の間のコミュニケーションと、ネット上での参加者五億人のコミュニケーションにおける心のはたらきには、どんな違いがあるのだろうか。まだ実証的なデータが蓄積されているとはいえないが、いくつかの考え方をあげてみよう。

知覚情報の質と量

第一に、コミュニケーションの中で知覚される情報の質と量が異なる。したがって、その情報をもとにした心のはたらきも異なる。直接のコミュニケーションでは、表情、声の調子、ジェスチャー、周囲の状況、背景など、相手の感情や意図を推測するのに役立つ情報を直接得て、心の中で総合的に処理することができる。これに対して、インターネットを介したコミュニケーションでは、限られた時間や空間の枠で切り取られた情報、しかもほとんどは視覚と聴覚の情報だけが送られ、受け手のほうではその限られた情報を頼りに脳の中で送り手の感情や意図を推測することになる。（テレビの場合はネットよりもっと限定されていて、きわめて短い時間帯に、演出や編集によってアングルの決まったカメラ映像の枠内の情報だけが一方通行で伝わってくる。)

意識下の情報処理

第二に、意識下のはたらきが異なる。直接のコミュニケーションでは、身体からの入力によって直接起こる、意識下での感情、運動、思考などの反応が相当あると考えられる。これに対して、ネットによるコミュニケーションでは、入力情報は主にことばや映像によって与えられ、身体の果たす役割は大きくない。

たとえば、面と向かって悪口を言われたときに即座に意識下の反応が起こるのに比べ、他者を誹謗するネット投稿に対しては、限定された情報から多くの推論や想像を次々と巡らすような意識的な思考のはたらきが、より強く引き起こされる可能性がある。また、第3章で触れたように、人は、意識しないのにほんの少しの情報によって自分の心の状態が正直に相手に伝わってしまう「正直シグナル」を発していることが指摘されているが、これは直接的な対面のコミュニケーションのほうが強く起こるものと考えられる。

情報の共有

第三に、相手と情報を共有するための心のはたらきが異なる。限られた範囲の映像や画像の情報から推論するよりも、相手と顔を合わせて直接対話するほうが、相手と注意を共有したり、相手の意図や気持ちを読み取ったりしやすい。相手の表情や行動全体を感じ取ることができ、しかも相手の置かれている状況全体をその場で見渡せるからである。

たとえば、誰かに道順を尋ねるとき、直接のコミュニケーションでは、相手の手や視線が道順の方角に向くと、自分の手や視線も相手のジェスチャーに共鳴して自然に動く。ところが、このようなコミュニケーションは、限られた時間や空間の情報だけが伝達されるネットでは簡単ではない。

ただし、ネットによるコミュニケーションの場合は、情報が限定されているために、むしろ受け手の側で深く推論したり、類推したり、イメージを創り出したり、エピソード記憶を想起したりすることによって、相手への深い感情移入や相手との共感、あるいは苛立ちや不安のような複雑な感情を呼び起こす機会が多くなる可能性もある。

共感の共同体と巨大ネット組織

第四に、コミュニケーションを行う共同体の質に違いがある。コミュニケーションには、情報の伝達だけでなく、社会の中でお互いの感情を共有する共感の機能や、社会的関係を安定的に維持する社会性維持の機能がある。機能主義人類学の創始者として知られるマリノフスキーは、二〇世紀の前半、西太平洋のトロブリアンド島におけるコミュニケーションの観察をもとに、常套的なことば掛け(small talk)が情報の伝達というより感情や社会的関係の共有のために存在すると主張し、そうしたコミュニケーションによって支えられている社会を共感の共同体(phatic communion)と呼んだ。

共感の共同体のような場は、直接対話の可能な規模の集団でも、巨大なネット組織でも生じ得る。しかし、直接対話では感情や社会性の共有が身体を通して意識下でも日常的に生じているのに比べ、ネットの場合は意識のうえで推論された感情や意図の共有部分が相対的に大きくなると考えられる。

記憶・思考の方略と連帯の強さ

第五に、記憶や思考の方略に違いがある。直接対話による共同体の一員でも、大きなネット組織のメンバーでも、一人ひとりの記憶や思考のはたらきに大差はない。直接対話による共同体に属する人は、一五〇人程度の人間の顔、名前、特徴、共感の情報(好感がもてる人、楽しい人、面倒な人……)などを体験を通して記憶し、その記憶情報を使って社会的関係を円滑に維持するための記憶や思考の方略を、小さいときからの生活の中で学習している。これに対して、大きなネット組織のメンバーは、他のメンバーとのつきあいについて、メールアドレスやファイル管理の方法など、まったく違った記憶や思考の方略を学習している。

それぞれのコミュニティは、こうした方略を共有することで成り立っており、そのことが、直接対話の共同体では強い連帯の維持を支え、ネット組織ではコミュニティへの参加と離脱が簡単にできる柔らかい連帯を創り出す、心のはたらきの基礎になっている。強い連帯による閉じた社会と柔らかい紐帯による開放的な社会のどちらがよいかは一概には言えないし、むしろ一人の人間が両方の社会に属しているほうがふつうである。こうした社会のありかたの違いや両方の社会のメンバーであることとの意味を心のはたらきの面から探究することは、これからの認知科学が指向すべき大事な方向の一つである。

コミュニケーションの認知科学

他にも多くの違いや類似点があると考えられるが、ここまでにしよう。まとめると、直接的なコミュニケーションでは、参加者の数には限界があるが参加者同士のつながりは堅く、マリノフスキーのいう共感の共同体のようなコミュニティを構成することができる。これに対してインターネットを介したコミュニケーションでは、参加者の数を多くすることはできるが参加者同士のつながりは緩く、開放的になる。

これら二種類のコミュニケーションの基盤には、身体のはたらき、感情、社会性、意識下と意識のうえでのはたらきなど、この本で述べてきたさまざまな機能が、いろいろに違った形でかかわっている。SNSで円滑なコミュニケーションが取れるケースの多くは直接会ったことのある場合だと言われることがあるが、実際、直接会ったこととの記憶を共有しているかどうかで、ネットによるコミュニケーションの質はかなり違ってくる。

また、さきに述べた医療に関する総合的なケア、身体のはたらき、次に述べる教育のような問題も、コミュニケーションの大きなテーマである。この本では触れなかったが、政治家、経営者、外交官、弁護士などの心のはたらきをこの本に述べたような心と脳の機能をもとにしてコミュニケーションの面から追究することは、社会に密着したきわめて興味深い研究課題である。こうした問題を包含したコミュニケーションの科学を確立することは、これからの認知科学の大きな方向であろう。

4　教　育

心のはたらきとしてのコミュニケーションが中心的な役割を果たす分野の一つに教育がある。「教育」ということばは、日本語では教え込むことを連想させるため、自ら能動的に学ぶということの意義を強調したいときには「学習」という用語を使うことが多くなった。学習ということばも行動主義的な強化のメカニズムを連想させるため、「学び」という柔らかい用語を用いる傾向もある。ここでは、この本に述べてきた研究分野の人々によく使われている学習ということばを用いる。

能動的な学習へ

どんな学習でも、生徒と先生、生徒同士、生徒と保護者や他の人々の間のコミュニケーションによる部分が大きい。多くの学校で行われている協働学習やプロジェクト学習などは、学習内容を習得するだけでなく、コミュニケーションの取り方を体得することも目的の一つになっている。

江戸時代の藩校や寺子屋の経験を基盤に、明治の初めに二万以上の小学校が創設されて以来、日本の近代学校教育は、百数十年にわたって高い教育レベルを保ってきた。とくに、一斉授業を通した連帯感や思い出を共有する「共感の共同体」を創り出して社会の安定性を保ちながら、欧米列強に追いつき追い越せという国の目標を達成するには、きわめて効果の高い、世界に誇る制度であった。しかし、時代が変わり、世界の中での日本の位置づけも変わっていく。共感の共同体の伝統をもとにしながら、国民の多くが、自立した個人として創造的なイノベーションを進めていかなければならない時代がやってきている。

こうした時代の変化とともに、一人の先生がたくさんの児童生徒を教える一斉授業だけでなく、協働学習によってコミュニケーションの力を向上させること、他人が理解できるように書くことによって思考の内容をはっきりさせること、大勢の前で話すことによってことばの力を向上させることなど、能動的な学習の方法が重視されるようになり、受け身の教育から自律的な学習へという教育方法の変化が少しずつ進んでいる。

このような教育方法の変遷は、日本だけでなく世界の多くの国々で模索されていることである。とくに先進諸国は、グローバル化や多極化の進む時代の潮流を感じ取り、国の根幹である教育のあり方を変えていこうとしている。

学習の科学

認知科学の成果を右のような意味での学習の実践に応用するという考え方は、すでに一九七〇年代に生まれていた。ただし、こうした動きには単一の出発点があるわけではなく、いろいろな芽がいっせいに芽吹くことが多い。

そうした芽の一つは、前にも触れた米国のコンピュータ科学者シャンクが、一九八〇年代の末にノースウェスタン大学に創設した学習研究所(現在は学科になっている)と、そこを含めていくつかの拠点で始まった学習方法論の展開である。この研究所が掲げた学習科学(learning sciences)ということばは、その後この分野を表す一般名詞にもなった。

学習科学は、学習の文化的な状況や文脈を重んじ、学習者が社会的な文脈に参加し、そこでの実践を通して心の中に知識をつくりあげていくという、知識の社会構成主義的な考え方を中心に、一九八〇年代から九〇年代にかけて新しい潮流を形成していった。こうした考え方による学習の効果を検証するには、厳密な仮説検証型の検証実験でなく、実践の方法をデザインしていく中で検証も行っていくことが必要になる。学習科学を主導した一人でメタ記憶の発達(第7章)のところで触れたアン・ブラウンは、こうした方法論を「デザイン実験」と呼んだ。

学習についてのこうした考え方に対して、個別の状況や文脈に依存した観察では多様な学習のありかたを支える理論やモデルを構成することは困難ではないか、状況に依存した学習で得られた知識はその状況以外では使いにくいのではないか、多様な状況に臨機応変に応用できる柔軟で一般的な知識や、それを使いこなす方法こそ学ぶべきではないか、といった批判がある。

学習科学の潮流とそれに対する批判は、「学ぶということは、自分にとって意味のある個別の状況に関与することで初めて可能になるのか、それとも個別の状況に依存しない抽象的な学習方法によってでも可能なのか」という問題に帰着する。

たとえば、中学生が元素の周期律表について学ぶとき、個別の元素について個別の実験を自分で工夫するのと周期律表を頭から覚えるのとでは心のはたらきにどんな違いがあるのか、自分でいろいろな仮説を立てて検証するのと大量の情報を記憶するのとでは何が違うのか、何人かで意見を出し合いながら学ぶのと一人で熟考して学ぶのとではどこが違うのだろうか。

何人かで学ぶことには、他の人が何かを言ってくれることで自分が気づいていないことを意識できるという長所があり、その一方で、声の強い人に押されたり、自分の思考が他人の意見にすぐに左右されてしまいがちになる弱点もある。一人で学ぶことには、自分の考えをしっかりまとめていける長所とともに、自分の考えだけに閉じてしまいがちな弱点もある。ただ、「学ぶ人間」とは第1章にあげた「コミュニケートする人間」と「創造する人間」のどちらなのか、それとも両方なのかといえば、人が学ぶことの基本は「創造する人間」になることにあり、誰かとコミュニケートしながら学ぶことはそれを支える良い方法の一つだと考えるべきだろう。

なお、学習の過程に注目すると、知識の習得や心の中での知識の構造化はもちろんのこと、体験と記憶を結びつけて実践的な知識にする力の育成、学習方法を学習する方法、創造力の涵養、協働学習の方法、臨機応変の応用力やコミュニケーション力の養成、その他学習の多くの側面に、認知科学が明らかにしてきた心のはたらきがかかわってくる。

実際、米国、英国、オーストラリア、その他世界中の多くの地域で教育や学習の場への認知科学の応用が始まっており、二〇世紀の末から新しい教育方法の開発をリードしてきた経済協力開発機構(OECD)の教育部門などでも、予見不可能な世界に生きる二一世紀世代のための教育方法の創造に認知科学を応用する試みが始まっている。

体験と教育

コミュニケーションの方法や社会のあり方が世界的に多様化するとともに、学習環境や学習方法も急速に多様化している。グループ学習もすでに常識になり、英語のような外国語活動も小学校高学年で必修化されるようになった。こうしたなかで、協働学習の場でコミュニケーションが取れずに疎外される児童や、日本語、外国語の表音文字を書くのに困難を感じる生徒など、昔は顕在化しなかった学習障害(LD)、注意欠陥・多動性障害(ADHD)などの発達障害が多く見出されるようになった。こうした障害に対応する学習の方法を考え、実践していくことも重要な課題になってきている。

また、デジタル技術やネットワーク技術を活用して能動的な学習の方法を身につけられる新しい学習環境を開発していくことも、認知科学が貢献すべき方向の一つである。とくに、教育の場を教室での一斉授業だけに限定しない、デジタルとネットのコミュニケーション環境を想定したオープンエデュケーションとそのための学習環境のデザインは、子どもだけでなく大学生から中高年に至るまで、生涯学習社会の基盤として世界各国の関心を集めるようになっている。

その一方で、机の上やネットを介した学習は、人が学ぶ方法の一部に過ぎない。最も大切な学習の方法は、体験を積み、それを元に新しい知識を得ていくことである。たとえば、地球環境を汚染から守るのが大事であることには、誰も反対しない。しかし、環境という相手は、実は茫漠としていて、勉強するといっても何から始めてよいのかさえよくわからない。環境教育では、いろいろな環境に身を置き、体験を通してさまざまな現象に関心をもつことが大切である。関心が目標に変わり、その目標を達成するために自分で広く知識を求めるようになるからである。

環境教育に限ることではないが、身体のはたらきを通した体験が関心を生み、関心が目標に変わり、目標を達成しようとする思考や記憶のはたらきによって新しい知識が得られ、そうした知識が心の中で構造化され、さらにその知識が自分で使えるようになって、初めて何かを学んだことになる。認知科学から見たとき、学習の基本はこの点にある。

5　デザイン

デザインとは何か

デザインということばは、建築や洋服のデザインとか意匠デザインといったアートに関係することばとしてだけでなく、教育カリキュラムのデザイン、組織のデザイン、政策のデザインのように、計画や構想の活動全般を表すことばとして使われている。デザインとは、目標をより良く達成できるように、人々との関係、社会や環境とのかかわり、また将来の予測まで含め、いろいろな要因をバランス良く検討し、計画や構想をつくりあげる活動である。

右のような意味でのデザインには、おぼろげな欲求や希望を具体化していく過程から、目標の設定、その目標の達成に必要な知識、使う人々が持っていると思われる期待感、使われる場や社会のあり方についての将来予測、使い勝手の良さ、部品の調達方法や組み合わせの方法、コストとパフォーマンスの関係など、たくさんの情報が関係している。また、こうした情報を考えたり、思い出したり、収集したり、さらにはそれらの情報を組み合わせたり、新しいイメージや概念を創り出したり、使う人の感情や意図を推測したり、さらには美しさのような芸術性、生活の快適さなどにかかわる身体性などを想像したりと、この本で心のはたらきとして述べてきた、ほとんどあらゆる情報処理のメカニズムがかかわっている。

直感と発見

しかも、デザインにおいては、閉じた範囲の中で与えられた対象の構造や機能を分析すること(アナリシス)よりも、どんな概念や考え方を必要とするか前もってはわからない開かれた思考によって構想を立て、新しいものを創り出していくこと(シンセシス)が中心になる。このため、分析を得意とする伝統的な科学の方法が適用しにくく、デザインの科学はなかなか形にならずにいた。こうした背景のもとで、デザインについての科学が情報の概念をもとにして芽生えたのは一九六〇年代のことで、それ以来、デザインの科学は認知科学の成果を導入しながら発展してきた。

認知科学を背景としたデザインの科学は、最も初期の段階では、ゲシュタルト心理学における「直感」や「洞察」のような概念の流れを汲む問題解決の分野で始まった。とくに、「発見」やシンセシスにおける心のはたらきを、問題解決の中でも目標を限定しない開かれた思考のはたらきとみなし、その解明に挑んだ研究者たちが、デザインにおける心のはたらきに関心を抱くようになった。その成果は、一九六〇年代当時の人工知能技術にも応用され、建築デザインや作曲をコンピュータで支援するシステムが試作された。

たとえば、認知科学の勃興に貢献したサイモンは、一九六〇年代末の著作の中で、記憶のはたらき、発見的探索、「直感」の情報処理モデル、科学的発見における心のはたらきなど、彼自身の成果を含む当時の多くの知見を総合し、デザインの科学を提唱している。

こうした時代から今日に至るまで、認知科学だけでなく、芸術、建築、工学、服飾などの分野で、デザインの科学は多くの人々の関心を惹いてきた。デザインだけに限るわけではないが、認知科学と他の分野が相携えて道を拓くことのできるテーマはたくさんある。

インタフェース

インタフェースとは、異なるものの間に何らかの関係がつくられ、維持されるための相互作用の起こる場とそのはたらきの総称である。人間の心や脳ができるだけ自然にはたらいて複雑な仕事ができるようにする、人間と環境のインタフェースのデザインについて、世界中で研究開発が進められている。とくに、コンピュータはもちろん、身の回りの道具、建築物、生活や仕事の環境、自然環境や都市環境など、日常の生活で出会うさまざまな環境との相互作用を円滑に、場合によっては心地よく、楽しく行えるようにすることに、多くの人々が関心をもつようになっている。

道具や環境デザインなどに影響を与えた思想には、第7章で述べたギブソンによるアフォーダンスの考え方がある。アフォーダンスのようにもともと環境に埋め込まれている性質ではなく、環境との相互作用の方法をユーザが知ることによって行動が限定されるという考え方もある。認知工学を牽引したノーマンは、これを知覚されたアフォーダンス(perceived affordance)と呼び、ギブソンが提唱したアフォーダンスと区別した。たとえば、スマートフォンの画面上のアイコンは、ユーザがその意味を知らなければただの絵で、何の機能も発揮しないが、使い方がわかればユーザの行動を限定して使いやすくしてくれる。

心のはたらきを考慮したデザインは、建築デザインや環境デザインでも重要である。また、医療、自動車運転、航空機操縦のように、直接の操作ミスだけでなく思い込みや勘違いなど、心のはたらきに由来するミスが命取りになるシステムにおいても、心のはたらきを重視したデザインが重要になっている。

たとえば、医療事故の原因については、多数の調査や研究が行われてきた。古典的ではあるが有名な調査の一つに、米国の保険会社で働いていたハインリッヒによる一九二九年の調査結果がある。この調査によれば、一件の重大な医療事故の陰に二九件の軽微な事故があり、その裏にはさらに三〇〇件の、一つ間違えば事故というケース(ヒヤリハットと呼ばれる)があるという。一―二九―三〇〇という数字は、その後ハインリッヒの法則と呼ばれるようになった。

ヒヤリハットの内容は、すでに機器の設定値をセットしてあると思い込んでいたとか、注意が他のことに移っていたというような、記憶、注意、意識のような心のはたらきにかかわるものが多い。ヒヤリハットを防げれば重大事故の防止につながるという考え方に立ったデザインは、医療だけでなく、自動車や航空機のインタフェースにも使われている。たとえば、運転席の計器盤が遠くに見えるようにし、車の向かう方向と計器の方向を交互に注視するときに眼の動く角度を小さくしてヒヤリハットを未然に防ごうとするインタフェースデザインは、市販の車にもふつうに取り入れられている。

ユニバーサルデザイン

また、デザインに関して、バリアフリーデザイン、ユニバーサルデザインなどの用語もある。バリアフリーデザインは、障害をもつ人が健常者と同じように生活できる環境のデザインのことで、多くは身体に関する障害に対処するデザインを指向している。しかし、今後は、物理的な施設や設備だけでなく、神経障害、学習障害、自閉症やアスペルガー症候群のような広汎性発達障害など、心の障害についても（心の）バリアフリーデザインが広く開発されてしかるべきである。

これに対してユニバーサルデザインは、障害の有無だけでなく、体の大小、性別、国籍、人種、文化や言語などの違いを超えて、できるだけ多くの人が使えるようにするデザインのことを指す。たとえば、この用語の発明者である米国のメイスが一九八〇年代の半ばに提唱したユニバーサルデザインの原則は、次の七つの項目からなっている。（1）誰もが対象を同じように使えること、（2）柔軟な使い方ができること、（3）簡単で直感的に理解できること、（4）必要な情報がすぐに知覚できること、（5）誤りがすぐに危険につながらないこと、（6）体への負担が小さいこと、(7)近づいたり使ったりするのに十分な大きさや広さがあること。

これらの項目のほとんどは、知覚、運動、思考など、認知科学で研究が行われてきた心のはたらきに関係している。メイスの原則はユニバーサルデザインの分野ではよく知られているが、心や脳の情報処理メカニズムと直接結びついているとはいえない。心と脳のはたらきについて蓄積されてきたたくさんの知見を踏まえ、ユニバーサルデザインをはじめとするデザインの分野に認知科学を応用していくことは、世界中の人々が身体だけでなく心のはたらきに合った環境で生活できるようにするための新しい道を拓くことになる。

6　芸　術

感性のはたらき

デザインにも深く関係する心のはたらきに「感性」がある。感性とは、美しさや心地よさ、他者の気持ちや周囲の状況などを、ことばや概念を経由せずに感じ取る心のはたらきのことだと考えられる。ここではとくに、芸術における感性のはたらきについて、認知科学の面からアプローチしてみよう。

芸術における感性を心のはたらきとして理解する試みは、多くの心理学者などによって行われてきた。たとえば、ドイツの心理学者アルンハイムは、ゲシュタルト心理学派が提唱したプレグナンツの法則(良い形態の法則。似ていたり安定していたり規則性のある形として対象の形を知覚する傾向があること)に影響を受け、芸術作品を創造したり鑑賞したりするときの心のはたらきを研究して、一九五〇年代から芸術心理学に貢献した。

音楽についても、リズムやピッチの効果から、人はなぜ音楽に親しむのかといったテーマに至るまで、人が音楽を感じ取る感性のはたらきが研究されている。ことばのはたらきにもリズムが重要であり、ことばと音楽の共通点を探る研究も行われてきた。

脳のはたらきから感性の実体に迫ろうとする試みも、とくに視覚芸術である絵画について、近年になって神経美学という形で現れてきた。たとえば、色の知覚に関する神経科学的研究で知られるゼキは、絵画とは、視覚情報の特定の特徴が脳の視覚系のはたらきによって抽出され、構造化されたものだと主張した。たとえば、ランドが色の恒常性を見出した実験(第7章)で用いたモンドリアン図形は、二〇世紀初頭のオランダの抽象画家モンドリアンの絵にちなんだ、いろいろな大きさと色の縦型の長方形を重なり合うように並べた図形である。ゼキは、モンドリアン図形の色をほぼそのままの位置関係で識別する神経細胞群を後頭葉のV4野に見出し、絵画に描かれた色彩が脳神経系にそのまま写されると考えた。

また、セザンヌの絵の特徴は、対象の背後にある構造を円筒や球や円錐のような簡潔な立体の組み合わせとしてとらえている点にあるといわれる。このような構造的特徴は、第4章にも述べたように、脳の中で情報表現として構成されやすいと考えられる。モネの大作「ルーアン大聖堂」の色の使い方も、印象派というよりセザンヌなどとともにキュービズムの先駆けと見ることができる。ゼキは、こうした検討を経て、神経美学の分野を開拓してきた。

他にも美や心地よさなどの感性と脳のはたらきの関係を解明しようとする研究はたくさんあるが、こうした研究に共通した暗黙の仮定は、人間の脳のはたらきはだいたい似ているから、美しいと思う対象は誰にとっても美しいのだ、という考え方である。多くの人が高い評価を与える絵があるのは、いい絵に対しては誰の脳も同じようにはたらくからだ、と言ってもよい。

その一方で、社会や文化によって何を美しいと感じるかが変わることも事実である。たとえば、男女のどんな姿や顔を美しいと感じるかについてはいろいろな研究があるが、江戸時代と現代の人物画を見れば、美しさの評価は明らかに異なっており、江戸時代の中でも時期によって違いがある。また、民族によって違うことも人類学などからの知見によってよく知られている。感性のはたらきにも、心、脳、社会のすべてが関与しているのである。

普遍性と個別性

では、美の根拠を人間に共通した脳のはたらきに求めるべきか、それとも社会や文化を背景とした状況や文脈に依存したものと考えるべきか、どちらなのだろうか。

この問いに答えようとすると、この本でもたびたび述べたように、状況が変われば通用しないような知見は科学的知見とはいえないという考え方と、心や脳のはたらきはもともと状況に依存するものであり、むしろ状況を創り出すものだから、個別の状況を考慮した知見でなければ意味がないという考え方のぶつかり合いになる。

右のような二つの考え方の壁を取り払い、美しさ、心地よさなど、芸術に関連した感性のはたらきを解明していくには、まず、人間の心のはたらきには状況に依存しない普遍性があり、その一方で社会や文化への状況依存性もあるという両義性を、研究者を含めて多くの人が理解しなければならない。そのうえで、状況に依存しない(伝統的な意味での)科学的成果を重視する研究と、状況に依存した個別の例をあげていくアプローチを重んじる研究の対立を乗り越える、新しい方法論の開拓が必要になる。これらの点は、芸術だけでなく、デザイン、教育、コミュニケーション、心の障害の総合的なケア、さらにはこの本では触れなかったが政治活動や経済活動など、広く感性を必要とするあらゆる分野にわたって、これからの認知科学の大きなテーマになるだろう。

7　創造性

思考の自由

教育やデザインの問題は、突き詰めていけば、人がいかに思考するかという問題に密接に関わっている。アリストテレスの考えた思考の法則は、成り立つといえ

ば成り立つが、彼の考えた観念やその連合の正体がこんなに奥深く探究できるものだとは、彼以降、アウグスティヌス、デカルト、ライプニッツ、あるいはイスラムやアジアの二千数百年にわたる思考の探究者もはっきりとは思わなかったに違いない。

二〇世紀半ばから認知科学が明らかにしてきたことは、思考のはたらきとは、多種多様な情報を系列化したり、並べ替えたり、比較したり、組み合わせたり、構造化したり、別の表現に変換したり、新しく創り出したりする機能だということであった。ただし、その機能は孤立しているものではなく、知覚、感情、社会性、運動、イメージ、記憶、概念、ことばなどのはたらき、類推や比喩、因果関係や原因帰属、手段―目標関係などを使う機能、さらにはこうした諸々のはたらきと意識下で連携する機能、たとえば報酬の評価やそれに基づく意思決定、身体のはたらき、その他多くの機能の相互作用に支えられているものだということであった。

しかも、こうした思考のはたらきは、脳と身体へのエネルギー補給に支えられて間断なく続けられ、いつ始まりいつ終わるということはない。どんな時点でも、人が自分の思考に用いることのできる情報は無限にあるが、そのどれがどう使われるかは、思考のバイアス(第7章)と呼ばれる制約条件のもとで、意識下と意識のうえでお互いに影響し合ってはたらいている多くの機能が総合されて決まってくる。

さらに、学習や発達の過程では、思考のはたらきが、情報を組み替えたり新しい情報を創り出したりすることを通して、思考のはたらき自体を変えていく。つまり、思考のはたらきは、自分で自分を変えられる再帰的な能力をもち、外界からの情報がなくても、心の中で他のいろいろな機能との相互作用を通して心のはたらきを変えていくことができる。言い換えれば、心や脳のシステムは、システムの内部の情報処理だけによって新しい活動をすることのできる、豊富な自由度を秘めた情報処理システムである。心や脳が自らのはたらきを自ら変えていく、人間誰もがもっている、創造する力、学ぶ力、デザインする力のもとになる「思考の自由」の源泉は、この自由度にある。

創造的な人々

創造性にかかわる心のはたらきは、昔からいろいろな方法で探究されてきた。たとえば、ゴッホのような天才といわれる人々の精神病理を分析する方法、アインシュタインの相対性理論やケクレのベンゼン環の発見にまつわる話のようにイメージや思考のはたらきを推測する方法、モーツァルトが年少のころから名曲を創作できた理由を学習や創作に費やした総時間の推計値から推測するような行動推測による方法、ノーベル賞受賞者にインタビューをしてその結果を分析するような個別調査の方法、多数の人々に対する質問紙調査などの結果を統計的に分析する方法、創造的な問題解決の実験を行ってその結果を分析する方法、コンピュータのプログラムに発見や発明をさせる試みを通して創造性を理解する方法、その他多くの方法が使われてきた。

その結果、創造性を発揮するには、類推やイメージのような心のはたらきが重要な役割を果たすこと、たくさんの事例の背後に隠れた構造や法則性を見つける帰納的推論の方法を熟知しているのが重要なことなどがわかってきている。また、基礎になる知識と経験が大量に必要で、それらを身につけるには少なくとも約二万時間（一日六時間、一年三六〇日費やして約一〇年）を要することなどもいろいろなデータからわかってきており、熟達の研究を長く続けているスウェーデン出身の心理学者エリクソンは、これを「一〇年修行の法則」と名づけている。

創造のはたらき

創造的といわれる人がどのような行動をしているのか、またその背後にどんな情報処理のはたらきがあると考えられるか、おおまかなスケッチを描いてみよう。

人は、何かに集中し、没頭して、外から見ればつらそうでも、時間や食事のことも、他人からどう見られているかもまったく気にならず、眼を輝かせ、疲れも知らないように、活動を続けることがある。芸術家や科学者、スポーツに優れた人々などはもちろん、一般の人たちや学生でも、子どもたちでも、関心があることが見つかるとこういう状態になる。

一心不乱に思考して新しい情報を創り出すこと、見聞きしたり読んだりした情報を鵜呑みにせず、自分の関心に照らして整合的かどうかを考えること、自分の考えをもとにして判断することなどは、イノベーションや創造性のもとになる大事な心のはたらきだが、その原点には「関心や目標をもつこと」と「その関心事に没頭できること」がある。

実際、長年創造性の心理学に携わってきたハンガリー出身の心理学者チクセントミハイは、創造性を発揮した人々へのインタビューなどを分析して、自分の関心事に没頭している状態が続くときに創造性が発揮されやすいことを見出した。

チクセントミハイによれば、自分の関心事に没頭しているときには喜びを感じるが、それは次のような九つの条件が満たされているからだという。(1)どんなステップにも明確な目標がある。(2)行ったことに対して(自分で意識しなくても)即座にフィードバックがかかる。(3)チャレンジする目標と自分にとって可能なやり方の間のバランスが取れている。(4)することと思っていることが融合している。(5)注意が散漫にならない。(6)失敗の心配をしない。(7)他人にどう思われるかを気にしない。(8)時間の感覚が違ってくる。(9)活動自体に充足感や喜びを覚える。

右の九つの項目は、創造的な人間の心のはたらきを相当部分カバーしていると考えられるだけでなく、ほとんどすべてが、この本に述べてきた心と脳のはたらきに関係している。ここでは、創造のはたらきが認知科学の研究とどう関係しているかについて考えてみよう。

意識下と意識の統合

創造のはたらきの特徴は、第一に、意識下で生じる思考、記憶、感情の相互作用によって目標への意識が持続するとともに、その一方で、目標への意識によってこうした意識下の情報処理が促進されると考えられることである。

前にも述べたように、一九八〇年代の初め、米国の生理学者リベットらによって、手首を曲げる運動をするとき、曲げようとする意図が意識されるのは実際に運動が生じる一五〇ミリ秒ほど前になるが、それよりもさらに四〇〇ミリ秒も前に、脳の運動神経系の活動電位が意識下で変化することが見出された。しかも、意識と意識下の両方の処理がちょうどうまく整合するように時間差を調整する情報処理が、自動的に行われていることも示唆された。

リベットらによる実験結果には異論もあるが、意識下の情報処理が先に生じ、それから意識のうえでの処理が起こることは、多くの研究によって解き明かされてきた。これに対して、創造的な人の特徴は、意識下の処理に加えて、目標を達成しようとする意識的な思考のはたらきが意識下の情報処理を制御する役割も同時に果たしているという点にある。しかも、意識下と意識のうえでの情報処理が上手に統合されているところに、創造的人間の際立った特徴がある。

ただし、いくら高い目標を心に秘めたとしても、その目標を達成するための方法が身についていなければ絵に描いた餅になる。逆に、熟達した人が低い目標をもっても意味がない。この点については、ヴィゴツキーによる発達の最近接領域(ZPD、Zone of Proximal Development)の考え方(子どもは、ある学習水準にあと少しで届くやり方まで身につけていれば、周囲の大人や友だちのしていることを真似したり、活動に一緒に参加しながら水準に到達していくことができる)が参考になる。

脳のはたらきの面から見ると、意識のうえと意識下のはたらきの統合といっても、多くの情報処理が重なっている。たとえば、ちょうどバランスの取れた目標を立てるには、達成感や挫折感などの感情の評価と調整が必要で、意識の情報処理に強くかかわる前頭葉だけでなく、大脳辺縁系のように感情の評価を支える部位が意識下でかかわっていると考えられる。

また、ある知識やスキルに熟達すればするほど、意識のうえでの思考や記憶のはたらきが意識下に「潜り込み」、自動的にいろいろなことが行えるようになる。創造のはたらきに優れた人の多くは長い時間をかけてその分野に熟達し、そのうえでさらに新しい思考のしかたを開拓していくから、熟達者としての意識下の情報処理は、創造にとってとても大事な心のはたらきになる。実際、第1章で述べた「創造する人間」のほとんどは「熟達する人間」である。

他にも、社会性や感情のはたらきと思考や記憶のはたらきのバランスを取ることなど、意識のうえと意識下のはたらきの統合は、創造のはたらきにとってきわめて重要な機能である。

注意の集中

何かに没頭しているときには、思考、記憶、感情、運動、知覚、その他の情報処理メカニズムがぴったりと嚙み合い、意識下と意識のうえの情報処理もうまく相互にフィードバックされ、統合されて、目標が達成されやすいようにはたらいている。やりたくもない仕事をさせられているときのように、思っていることと行動が合致していないと、記憶や注意のはたらき、体を動かすはたらきなど、いろいろな心の機能がバラバラにはたらき、結局は無駄な情報処理ばかりやっていることになってしまう。

いろいろな心の機能が並行して効果的にはたらくには、注意や実行機能の情報処理(第3章)が大事になる。とくに、注意のはたらきには、いろいろな心の機能を目標の達成に向けて集中させるだけでなく、失敗の評価(負の報酬)を意識しなくなる効果がある。

心のはたらきは脳のはたらきによって現れるが、脳は物質であって、使えるエネルギーには限りがある。直感的ではあるが、何かに注意を集中するほうが、ぼーっとしているよりもエネルギーを消費すると考えられる。そうだとすると、全体のエネルギーが限られているなかで大事なことに注意を集中すれば、他のことには注意が向かなくなる。脳の活動に必要なエネルギーと心のはたらきの関係を科学的に解明することも、これからの大事な課題である。

社会性と感情

創造的といわれる人間が他人を気にしないという現象はたくさん語られているが、なぜそうなのかを解明するには、自己と他者の区別、他者の理解、共感、自己意識など、社会性にかかわる心と脳のはたらきの研究が大切である。とくに社会性と創造性のかかわりを心のはたらきの面から科学的に探究していく素地は、この本でも述べてきた多くの知見によってすでにできてきている。

また、時間を気にしない、つまり時間の感覚が意識からはじき出されてしまうということについては、時間をどう知覚するかという問題より、目標達成への意識が強くなるとそれに関係の薄い情報は意識下に閉じ込められるという考え方のほうが重要だろう。このような言い方は、昔は単なるストーリーとして専門家からは無視されていたが、意識下の心のはたらきや思考がバラバラになるのを抑制する前頭葉などのはたらきなどが明らかになってきた今日、研究のテーマになり得るところまで来ている。

さらに、創造的な活動の特徴は、活動自体に充足感や感動を覚えるという点にある。恐怖のようなネガティブな感情に比べ、喜びや楽しさのようなポジティブな感情のメカニズムについてはよくわかっていなかったが、徐々に研究が増えてきている。副腎髄質から分泌されるアドレナリンのようなホルモンが興奮性のはたらきを支えるという考えかたもある。

その一方で、創造的な人間がどんな社会環境であれば現れ出るかについても、認知科学が明らかにしてきた多くの知見が役立つ可能性がある。とくに、思考の自由が許される社会環境、心のいろいろなはたらきが十分発揮できる生活環境、創造的なことを尊び、ポジティブに評価する家庭や学校の環境などについて、そのデザインや実践には認知科学の成果が大きく役立つと考えられる。

創造性と自由

創造性とは何かという問題は、長年にわたって多くの研究者の関心を惹きつけ、一般の人々の興味を惹いてきた。しかし、創造のはたらきの背後にある心と脳の情報処理の解明が本格的に進み始めたのは、とくに第9章に述べたような多くの知見の積み重ねによるものである。

その一方で、集団の規律を重んじ、人それぞれの思考の自由や創造性、そこから生まれる真の感動を大事にしてこなかった日本の社会が、グローバル化の大波を受けて、創造性とイノベーションに価値を置く方向に転換すべき時代になっている。

こうした状況のもとで、とくに日本にとって、創造のはたらきを心、脳、社会のすべてにわたって探究し、応用する時代が来た。創造性は、人間の本質である思考の自由から生まれる、最も人間らしい心のはたらきにほかならない。その科学的探究と社会的実践は、認知科学だけでなく、これからの時代にとってとても大きな、大切な課題である。

おわりに

この本で触れることのできたことがらは、代表的なものではありますが、認知科学の入口に過ぎません。最新の知見を含め、紙幅の関係で取り上げることのできなかった成果のほうがはるかに多く、その中には日本の研究者による優れたものもたくさんあります。

二一世紀は予見の不可能な時代です。国の内外を問わず深刻な問題が山積しています。その一方で未来には必ず希望があります。私たちが忘れてはいけないのは、問題を引き起こすのも希望を実現するのも、ともに心のはたらきによるということです。

閉鎖的にならず、人それぞれの長所が活きる社会を創る、そのための心のはたらきとはどんなものなのでしょうか。認知科学が人間と心の探究にさらに新たな道を拓くことを願っています。

この本を出版することができたのは、認知科学の研究を始めた一九七〇年代の半ばから今日まで、いろいろな形で支えていただいた多くの方々のお蔭です。とりわけ、金田一真澄さんと岩波書店の山田まりさんは、一〇年あまり前にこの本のきっかけをつくってくださいました。今井むつみさん、開一夫さん、梅田聡さんには貴重なコメントをいただきました。また、編集部の千葉克彦さんにたいへんお世話になりました。記して感謝の意を表します。

著　者

係があるものの一つ.

(18) M. Tomasello, *Origins of Human Communication*, The MIT Press, 2008. コミュニケーションの原点を探る. 20世紀末までの考え方をまとめた M. Tomasello, *The Cultural Origins of Human Cognition*, Harvard University Press, 1999, 他人を助ける心のはたらきを描く M. Tomasello et al., *Why We Cooperate*, The MIT Press, 2009 も参照.

(19) A. S. Pentland with T. Heibeck, *Honest Signals: How They Shape Our World*, The MIT Press, 2008. 人は意識せずに自分の心の状態を相手にいろいろな情報の組み合わせとして伝えていることを端的に提示.

(20) M. S. Gazzaniga(ed.), *The Cognitive Neurosciences*, 4th Edition, The MIT Press, 2009. M. H. Johnson with M. de Haan, *Developmental Cognitive Neuroscience: An Introduction*, 3rd Edition, Wiley-Blackwell, 2011. それぞれ認知神経科学全般および発達の認知神経科学に関する定番の参考書で, ともに前の版から改訂が進んでいる.

特別付録

(i) E. Tulving and F. I. M. Claik (eds.), *The Oxford Handbook of Memory*, Oxford University Press, 2000. 記憶についてわかっていることの全貌をわかりやすく書いた本は意外に少ない. 記憶研究の先達による一つの読みものとみなして付け加えておこう. より神経科学に近い立場では L. R. Squire and E. R. Kandel, *Memory: From Mind to Molecules*, 2nd Edition, Robert & Co., 2008 も参照.

(ii) J. D. Bransford, A. L. Brown and R. R. Cocking(eds.), *How People Learn: Brain, Mind, Experience, and School*, Expanded Edition, National Academy Press, 2000. 学習科学の書籍から選ぶとすればこの本. 学習における心のはたらきをもとに教育のあり方を探る.

(iii) D. Tapscott, *Grown up Digital: How the Net Generation Is Changing Your World*, McGraw-Hill, 2008. ネット世代のコミュニケーションと心のはたらきについてデータを併用しながら洞察. 2008年エコノミスト誌ベストビジネス書の一つ.

cisco: W. H. Freeman, 1982. 説明のレベルや情報表現の概念を明確に示した視覚情報処理研究の古典.

(12) S. Carey, *Conceptual Change in Childhood*, The MIT Press, 1985. 新ピアジェ学派が極めた心の発達に関する研究成果の一つ. 概念が心の中にいかに生まれるかについてさらに包括的に書かれた S. Carey, *The Origin of Concepts*, Oxford University Press, 2009 も参照.

(13) M. Minsky, *The Society of Mind*, Simon & Schuster, 1986. 心の構造と機能について, 創造的な情報表現と情報処理モデルを提唱.

(14) L. A. Suchman, *Plans and Situated Actions: The Problem of Human-Machine Communication*, Cambridge University Press, 1987. 人類学的なアプローチで人間と機械の相互作用をとらえた創造的論考. 文化への参加と学習については J. Lave and E. Wenger, *Situated Learning: Legitimate Peripheral Participation*, Cambridge University Press, 1991 も参照.

(15) A. Karmiloff-Smith, *Beyond Modularity: A Developmental Perspective on Cognitive Science*, The MIT Press, 1992. 当時優勢だった領域固有性の概念を超える心の発達の研究方法論を提起した. 心の中の情報表現を分散表現とみなして多様な機能の相互作用をもとに心の発達を探る J. L. Elman, E. A. Bates, M. H. Johnson, A. Karmiloff-Smith, D. Parisi and K. Plunkett, *Rethinking Innateness: A Connectionist Perspective on Development*, The MIT Press, 1996 も参照.

(16) A. R. Damasio, *Descartes' Error: Emotion, Reason, and the Human Brain*, Putnam, 1994. 身体と心や脳の関係について新しい仮説を提唱, 思考や意思決定に対する身体と感情の重要性を主張した. 感情の実験とモデルを組み合わせた J. LeDoux, *The Emotional Brain: The Mysterious Underpinnings of Emotional Life*, Simon & Schuster, 1998, 感情に関する実証的研究の古典として C. Darwin, *Expression of Emotion in Human and Animals*, John Murray, 1872 も参照.

(17) M. Csikszentmihalyi, *Creativity: Flow and the Psychology of Discovery and Invention*, HarperCollins, 1996. フローの概念による創造性の研究で知られた著者の本のなかでも認知のはたらきに直接関

ings of Benjamin Lee Whorf, The MIT Press, 1956. サピア-ウォーフ仮説の提唱者ウォーフの逝去後十数年，認知科学の勃興とともに編まれ，その後の認知研究に大きな影響を与えた.

(5) N. Chomsky, *Syntactic Structures*, Mouton, 1957. 1956年に発表されたチョムスキー言語学の原典であり，チョムスキー学派の思想の源流.

(6) L. S. Vygotsky, *Thought and Language* (English translation), E. Hanfmann and G. Vakar (eds.), The MIT Press, 1962. 思考，言語，発達と社会に関するヴィゴツキーの代表的著作.

(7) W. Kneale and M. Kneale, *The Development of Logic*, Oxford University Press, 1962. 論理学そのものでなく，思考のはたらきによって形式論理学のモデルがいかに形成されたかを古代から記述.

(8) J. Piaget, *Sagesse et Illusions de la Philosophie*, Presses Universitaires de France, 1965. 20世紀半ばに至る発達研究の頂点に立つピアジェの膨大な著作の中から一点を選ぶとすれば，著者の情熱が吐露されたこの本. ピアジェとチョムスキーの有名な論争をまとめた M. Piattelli-Palmarini (ed.), *Language and Learning: The Debate between Jean Piaget and Noam Chomsky*, University of Chicago Press, 1983も参照.

(9) H. A. Simon, *The Sciences of the Artificial*, The MIT Press, 1969 (3rd Edition, 1996). 認知科学の誕生にかかわった著者による，思考や学習のモデル，デザインの科学など多岐にわたる論考. 20世紀後半の思考研究をリードした物理記号システム仮説を詳細に示す A. Newell and H. A. Simon, *Human Problem Solving*, Prentice-Hall, 1972，思考方略の研究を拓いた J. S. Bruner, J. J. Goodnow and G. A. Austin, *A Study of Thinking*, John Wiley & Sons, 1956も参照.

(10) G. Lakoff and M. Johnson, *Metaphors We Live By*, University of Chicago Press, 1980. 言語は比喩，ひいては身体と切っても切り離せないことを説得的に主張し，認知と言語の研究に大きな影響を与えた.

(11) D. Marr, *Vision: A Computational Investigation into the Human Representation and Processing of Visual Information*, San Fran-

参考文献

——最近の動向と「この20冊」——

この本の各章の参考文献は

http://www.ayu.ics.keio.ac.jp/references/cognitivescience

に掲載してあり，随時アップデートしています．そこには，この本であまり触れることのできなかった最近の研究動向を知ることのできる主な出版物もリストアップしてありますので，ご覧いただければ幸いです．

以下では，この本全体の構成を考え，古典から現代までを眺めわたして筆者が選んだ「この20冊」をあげておきます．なお，多くは邦訳が出ていますが紙幅の関係で省略します．また，日本人の著者による優れた本も多く出ていますが，別の機会に譲ります．

(1) C. K. Ogden and I. A. Richards (eds.), *The Meaning of Meaning: A Study of the Influence of Language upon Thought and of the Science of Symbolism*, Routledge & Kegan Paul, 1923. 言語と思考と意味の関係を扱った古典．マリノフスキーによる共感の共同体の論考もこの中にある．

(2) N. Wiener, *Cybernetics: Or Control and Communication in the Animal and the Machine*, The MIT Press, 1948. 制御モデルの理論的支柱となった「サイバネティクス」の原典．神経系と行動の制御モデルをきわめて早く提唱したC. S. Sherrington, *The Integrative Action of the Nervous System*, Charles Scriber's Sons, 1906, 内容は異なるが神経系モデルの古典という意味では，神経系の学習モデルの嚆矢となったD. O. Hebb, *The Organization of Behavior: A Neuropsychological Theory*, John Wiley & Sons, 1949も参照．

(3) R. Arnheim, *Art and Visual Perception: A Psychology of the Creative Eye*, University of California Press, 1954. 心や脳と芸術を扱った書物は多いが，古典も交えて一つ選ぶならこの本．ゲシュタルト学派の今日的な意義を考えるにも良い題材．

(4) J. B. Carroll, *Language, Thought, and Reality: Selected Writ-*

安西祐一郎

1946年東京都生まれ
慶應義塾大学大学院工学研究科博士課程修了
カーネギーメロン大学人文社会科学部客員助教授，北海道大学文学部助教授，慶應義塾大学理工学部教授．2001〜09年慶應義塾長，2011〜18年独立行政法人日本学術振興会理事長．現在同会顧問．慶應義塾大学名誉教授，公益財団法人東京財団政策研究所長．
専攻―認知科学，情報科学
著書―『問題解決の心理学』(中公新書，1985)
『認識と学習』(岩波書店，1989)
『未来を先導する大学』(慶應義塾大学出版会，2004)
『教育が日本をひらく』(慶應義塾大学出版会，2008)
ほか
本書に関する情報は：
https://www.ailab.ics.keio.ac.jp/webpage_personal/anzai_cognitive/

心と脳――認知科学入門　　岩波新書(新赤版)1331

2011年9月21日　第1刷発行
2024年1月15日　第11刷発行

著　者　安西祐一郎《あんざいゆういちろう》

発行者　坂本政謙

発行所　株式会社 岩波書店
〒101-8002 東京都千代田区一ツ橋2-5-5
案内 03-5210-4000　営業部 03-5210-4111
https://www.iwanami.co.jp/

新書編集部 03-5210-4054
https://www.iwanami.co.jp/sin/

印刷・理想社　カバー・半七印刷　製本・中永製本

ISBN 978-4-00-431331-1　　Printed in Japan

岩波新書新赤版一〇〇〇点に際して

ひとつの時代が終わったと言われて久しい。だが、その先にいかなる時代を展望するのか、私たちはその輪郭すら描きえていない。二〇世紀から持ち越した課題の多くは、未だ解決の緒を見つけることのできないままであり、二一世紀が新たに招きよせた問題も少なくない。グローバル資本主義の浸透、憎悪の連鎖、暴力の応酬——世界は混沌として深い不安の只中にある。

現代社会においては変化が常態となり、速さと新しさに絶対的な価値が与えられた。消費社会の深化と情報技術の革命は、種々の境界を無くし、人々の生活やコミュニケーションの様式を根底から変容させてきた。ライフスタイルは多様化し、一面では個人の生き方をそれぞれが選びとる時代が始まっている。同時に、新たな格差が生まれ、様々な次元での亀裂や分断が深まっている。社会や歴史に対する意識が揺らぎ、普遍的な理念に対する根本的な懐疑や、現実を変えることへの無力感がひそかに根を張りつつある。そして生きることに誰もが困難を覚える時代が到来している。

しかし、日常生活のそれぞれの場で、自由と民主主義を獲得し実践することを通じて、私たち自身がそうした閉塞を乗り超え、希望の時代の幕開けを告げてゆくことは不可能ではあるまい。そのために、いま求められていること——それは、個と個の間で開かれた対話を積み重ねながら、人間らしく生きることの条件について一人ひとりが粘り強く思考することではないか。その営みの糧となるものが、教養に外ならないと私たちは考える。歴史とは何か、よく生きるとはいかなることか、世界そして人間はどこへ向かうべきなのか——こうした根源的な問いとの格闘が、文化と知の厚みを作り出し、個人と社会を支える基盤としての教養となった。まさにそのような教養への道案内こそ、岩波新書が創刊以来、追求してきたことである。

岩波新書は、日中戦争下の一九三八年一一月に赤版として創刊された。創刊の辞は、道義の精神に則らない日本の行動を憂慮し、批判的精神と良心的行動の欠如を戒めつつ、現代人の現代的教養を刊行の目的とする、と謳っている。以後、青版、黄版、新赤版と装いを改めながら、合計二五〇〇点余りを世に問うてきた。そして、いままた新赤版が一〇〇〇点を迎えたのを機に、人間の理性と良心への信頼を再確認し、それに裏打ちされた文化を培っていく決意を込めて、新しい装丁のもとに再出発したいと思う。一冊一冊から吹き出す新風が一人でも多くの読者の許に届くこと、そして希望ある時代への想像力を豊かにかき立てることを切に願う。

（二〇〇六年四月）